W0350215

CAMUS DANS LE NARGUILÉ

Collection Bel Horizon

dirigée par Yasmina Khadra

Oran après la mer, Fatéma Bakhaï
Camus dans le narguilé, Hamid Grine

Maquette : Philippe Routier

ISBN 9782352270676

© Éditions Après la Lune, 2011

HAMID GRINE

CAMUS DANS LE NARGUILÉ

ÉDITIONS APRÈS LA LUNE
www.apreslalune.com

DU MÊME AUTEUR

Romans
aux éditions Alpha

La dernière prière, 2006
La nuit du henné, 2007
Le café de Gide, 2008
Il ne fera pas long feu, 2009
(Prix des libraires algériens 2009)

Essais

Lakhdar Belloumi, un footballeur algérien, Enal, 1986
Onze champions dans un miroir, Enal, 1988
L'Almanach des sports collectifs algériens, Anep, 1990
L'Entente, la légende du second souffle, Dahleb, 1990
L'Algérie en Coupe d'Afrique (coauteur), Anep, 1990
Ombres et lumières de la boxe en Algérie, Cnids, 1999
L'Almanach des sports individuels algériens, Cnids, 1999
Comme des ombres furtives, Casbah Édition, 2004
Chronique d'une élection pas comme les autres, Alpha, 2004
Cueille le jour avant la nuit, Alpha, 2005

1

Mon père est mort un jour où le soleil avait décidé de nous donner un avant-goût de l'enfer. Des rayons de feu tombaient sur nos têtes. De mémoire d'Algérois, nous n'avions vu pareille chaleur depuis la course des chiens qui remonte à des temps oubliés. Ma mère aurait dit que c'est pour nous punir de nos péchés que Dieu nous a plongés dans cette fournaise. À cause de certains Algérois qui arrosaient leur couscous de vin, elle appréhendait la réaction divine.

Pour éviter les brûlures du soleil à son zénith, on décida d'enterrer la dépouille l'après-midi. Si les rayons ont perdu de leur intensité, l'humidité qui s'est ajoutée à la chaleur rendait l'atmosphère étouffante. La première victime a été l'imam qui a officié la prière mortuaire au cimetière. Foudroyé par une insolation, il tomba raide comme une poutre alors que la prière touchait à sa fin. Je me suis rappelé ma mère et me suis dit qu'il devait expier quelques péchés. Tous ceux qui priaient se sont précipités, dans une belle bousculade, pour s'agglutiner autour de lui, risquant de l'étouffer. N'eût été l'intervention énergique de quelques hommes pour disperser la foule, l'imam aurait sans doute rejoint mon père. Le vieil homme avait le visage noyé de sueur qui se transformait en vapeur sous l'effet de la chaleur. Je n'avais jamais vu pareil phénomène, dû sans doute à la masse graisseuse enveloppant son visage aussi plein que rond. Une fois ses esprits recouvrés au milieu des tombes et d'hommes vêtus pour la plupart de gandouras blanches, l'imam s'écria : « Suis-je mort ? Suis-je au paradis ? » Ses compagnons lui assurèrent, soulagés, qu'il était bien vivant, lui ôtant son rêve de Paradis tant espéré. On lui couvrit la tête d'une casquette jaune poussin imbibée d'eau, ce qui lui conféra un air idiot. Il était si grotesque que je voyais ici et là quelques mines refréner leurs rires en l'évacuant sous forme de toux et de raclements de gorge.

Après cet intermède, on put s'occuper de la sépulture de mon père. À peine la dernière pelletée de terre eut-elle recouvert sa tombe que tout le monde s'empressa de prendre ses jambes à son cou, fuyant le soleil, la chaleur et l'autre monde. Au soulagement d'avoir achevé une corvée s'ajoutait sans doute l'effet de la bonne action comptabilisée en leur faveur dans l'au-delà comme pour tout musulman ayant accompagné un défunt à sa dernière demeure. Ma parentèle épousait mes pas supportant stoïquement la fournaise.

Je quittais mon père en le laissant entre les mains de Nakir et Mounkir. J'espère que ces deux anges de la mort seront cléments avec lui. Tôt j'ai fait la connaissance de Nakir et Mounkir, brandis comme une épée de Damoclès au-dessus de ma tête d'écolier par mon instituteur. À chaque fois qu'on faisait du chahut dans la classe, il nous menaçait de leurs foudres. Moi je souhaitais les voir ces Nakir et Mounkir dont la sonorité des noms me faisait penser à des personnages de bandes dessinées. J'apprendrai de ma mère que ces deux anges posaient trois questions à l'âme du défunt : « Quel est ton Dieu ? Quelle est ta religion ? Quel est ton Prophète ? » Elle avait beau me dire tout en souriant qu'ils n'apparaissent qu'aux morts, j'appris, malgré tout, les réponses par cœur en prévision de leur apparition. Je voulais mourir rien que pour les rencontrer tant l'attraction de leurs noms était puissante, évocatrice de jeux et de rires. Je me suis mis à guetter la mort. Je passai une bonne partie de la nuit à l'attendre. Elle ne vint pas. En grandissant, je perdis mes rêves et mes illusions. Je compris que Nakir et Mounkir, compagnons de mon enfance, seraient les témoins de ma mort.

Si les mines étaient tristes et fatiguées le jour de l'inhumation à cause, je présume, essentiellement de la chaleur, le dîner du troisième jour des funérailles était plutôt festif.

Eut-il été de son vivant un joyeux drille, on pourrait dire que ça lui ressemble : même mort, il continue à égayer son monde. Mais ce n'était pas le cas. Mon père n'était pas très jovial. Victime d'un accident dans sa jeunesse, les séquelles de ses blessures l'ont fait souffrir toute sa vie. Et lui a fait souffrir les siens. À une exception près… Mon père avait ce qu'on appelle un caractère de chien. De chien méchant et non de ces pauvres chiens errants, la queue basse, à la recherche d'un os. Je sais qu'on ne traite pas son père ainsi. Je pourrais jouer au bon fils figé dans une dévotion totale pour son défunt géniteur. J'aurais pu endosser ce rôle si je n'avais pas vu les souffrances infligées à ma mère. Et comme tout Algérien, je suis d'abord le fils d'une femme. Comment qualifier un homme assez riche pour s'offrir chaque année une Omra et un pèlerinage et refuser d'acheter des médicaments à son épouse, ma mère, sous prétexte qu'il n'avait pas assez d'argent pour la soigner de toutes ses maladies : hypertension, asthme et glaucome ? De quel nom pourrait-on appeler un mari qui déjeune avec un steak et des côtelettes en privant son épouse des médicaments nécessaires à sa survie ? Chaque repas qu'il ingurgitait équivalait à une boîte de médicaments pour soigner ma mère. Quand je voyais un steak sur son assiette, j'avais l'impression qu'il était fait de la chair de ma mère.

C'est en toute bonne conscience qu'il s'empiffrait, ne voyant pas qu'à côté de lui sa servante dépérissait faute de soins suffisants. Je suis sûr qu'il n'était pas conscient de sa cruauté. Il était le mâle, elle n'était que la femelle dont le sort a été fixé par la tradition dès sa naissance : servir son mari.

C'était un homme dur, mon père. De toute ma vie, je ne l'ai presque jamais vu sourire, à une exception près… Sourcils froncés, regard sombre, il ne sortait de son mutisme que pour donner des ordres à ma pauvre mère qui s'empressait de les exécuter. Je l'ai vue en pleine crise d'asthme, fiévreuse, se lever la nuit pour lui préparer une tisane au miel. Il avait un chat dans la gorge qui l'irritait. Ma mère était la souris qu'il mangeait à toute heure du jour. À la réflexion, elle était moins qu'une souris. Elle était sa femme.

Pour moi, elle était une sainte. Une sainte qui vivait en enfer. Elle subissait le joug de son bourreau de mari avec le regard fier des femmes dignes, sans un mot.

Quitter l'époux pour quelque raison que ce soit était impensable pour les femmes de son époque. D'ailleurs, pour aller où sans instruction ? Pour passer sous une autre tutelle souvent aussi dure, celle de sa propre famille. Elles ployaient donc sous leur mâle jusqu'à se rompre parfois.

Seule la mort pouvait séparer les époux, le bourreau et la victime. Je souffrais en silence des souffrances de ma mère. Elle s'est toujours levée aux aurores pour faire la prière de l'aube et préparer le petit déjeuner de mon père qui ne souffrait aucun retard dans le service. Combien de fois l'ai-je surprise pleurant en silence dans un coin de sa chambre. Je pleurais à mon tour d'impuissance. À défaut de la soulager, j'essayais de partager ses douleurs muettes.

J'aurais tant aimé avoir la force de parler à mon père, lui crier haut et fort mon indignation. Ma rage enflait, enflait, enflait… pour se dégonfler à sa vue, tel un ballon de baudruche. J'étais bien le fils de ma mère. Aussi soumis à la volonté paternelle qu'elle l'était à son mari. Mon père me terrorisait par sa froideur. Depuis ma prime enfance, il ne m'a jamais prodigué un seul geste de tendresse. Pas même un mot affectueux. Comme si je n'étais que le fils de cette femme qu'il n'appelait jamais par son prénom. Si, elle avait un prénom, elle s'appelait : « Eh, toi ! » Et c'était toujours : « Eh, toi ! Ramène-moi ceci. Eh, toi ! Ramène-moi cela… » Moi, j'étais transparent. Il ne me voyait pas. Et quand il daignait me regarder, c'était pour que j'aille informer ma mère qu'elle tardait à le servir.

Plus tard, je compris que toute manifestation d'affection d'un père pour sa progéniture était une marque de faiblesse et de dévirilisation. Dans cette échelle du code de bonne conduite du mâle, l'épouse est le danger mortel. Un simple regard de tendresse pour elle et voici le mari ravalé au rang d'émasculé et elle d'envoûteuse. Pour éviter de passer pour une chiffe molle, il faut être froid avec ses enfants et sévère avec son épouse. Même dans l'intimité des chambres closes fermées à double tour, le mâle doit rester de marbre devant son épouse, s'il doit la culbuter, qu'il le fasse, sans tendresse et sans amour, car les murs ont des oreilles et les portes des trous de serrure.

Étonnée à la fois par le stoïcisme de ma mère et par la cruauté de mon père, Warda m'a fait un jour cette réflexion : « Je ne pourrais supporter de toi le centième de ce que subit ta mère. Je t'aurais dit ouste ! » Je voulais lui répliquer que nous étions émancipés et que nous vivions des époques différentes. Cela, mon épouse le sait.

C'est juste pour me titiller qu'elle me rabâche cette réflexion. Une fois, de guerre lasse, je lui ai rétorqué : « Si tu ne veux plus voir ma mère souffrir, ramenons-la chez nous ! » Elle en a eu le souffle coupé. Elle qui a réponse à tout a balbutié : « On va la mettre où, ta mère ? Nous n'avons que trois pièces. Et où allons-nous mettre nos enfants ? Tu veux peut-être que je devienne sa servante ? » Comme d'habitude, je n'ai rien dit. Je ne lui ai pas fait remarquer que maman pouvait dormir avec

Sophia et Tarek. Et puis, si ma mère venait à vivre chez nous, la servante serait toute désignée. Je n'ai rien dit parce que ma femme le sait. Elle sait tout. Elle aurait même pu ajouter que le logement de fonction est à elle. D'où le « ouste ». Mon épouse est la gentillesse faite femme. Seulement elle n'a jamais aimé ma famille. Elle adore trop la sienne pour qu'il y ait de la place pour la mienne. Elle me dit toujours que les seuls étrangers qui cohabitent dans son cœur avec sa famille, c'est ma mère et moi. D'ailleurs, elles sont très complices, mais Warda ne veut être dérangée par personne d'extérieur à sa famille. « Dérangée », quel mot bizarre ! Comme si mon épouse se promenait toute nue dans la maison. Pour ne pas créer de tensions inutiles, je ne l'ai plus relancée sur ma mère. Je n'aime pas les embrouilles. À l'époque de mon père, de quels noms aurais-je été traité pour mon comportement laxiste envers ma femme ? Je suis un homme de mon temps. Et Warda l'est encore plus que moi. Comme mon épouse est l'aînée de sa famille, une fratrie de quatre frères et autant de sœurs, elle a appris à diriger à la baguette tout ce monde, y compris son père et sa mère. De forte personnalité, tout le monde l'appelle « Maâlema » (patronne), et c'est vrai qu'elle a de la poigne. Je dirais même que c'est elle qui m'a épousé. Elle a décidé de la date des fiançailles, du mariage, de mon costume, elle m'a même forcé à couper ma moustache qu'elle n'aimait pas… Je n'avais qu'à me plier à toutes ses injonctions. Et je disais oui à tout. Un psy de bazar aurait affirmé que j'avais besoin d'une mère. Mais qui n'a pas besoin d'une mère ? On a tous besoin d'une maman jusqu'à la fin de notre vie. Et si l'épouse peut prendre le relais sur le plan de l'affection, de l'attention et de la tendresse, je ne vois vraiment pas où est le problème. Œdipe ? Peut-être, j'assume tant que cela m'arrange.

En me mariant, j'essayais d'offrir à ma mère quelques heures de répit quand je la ramenais presque de force pour dîner à la maison, toujours avec mon père accroché à ses robes. Il ne cessait de marmonner qu'il était fatigué. Il installait un tel climat de stress qu'elle n'avait qu'une envie : retrouver son purgatoire. Avec l'âge, je trouvais comme prétexte les visites médicales pour lui permettre de respirer chez moi. Elle allait enfin se reposer ? C'était mal la connaître. Elle nous préparait des galettes succulentes ou un autre plat traditionnel que ma chère épouse, femme moderne par excellence, prof de langue dans un lycée, était incapable de mijoter.

Quand je pense aujourd'hui à la cruauté de mon père, je ne trouve qu'une explication : la vengeance. Fille de grande tente dont le père a connu un grave revers de fortune, ma mère a été mariée à un fils de khammès qui s'est enrichi grâce à des actions spéculatives. Ne pouvant supporter la morgue de cette femme droite et élevée dans la soie, mon père n'a eu de cesse de la rabaisser. C'était la vengeance d'un fils de pauvre contre la représentante d'une bourgeoisie qui a oppressé ses aïeux des siècles durant. Cette explication s'est imposée d'elle même à l'article de la mort de ma mère. Toute la famille était réunie à son chevet : mon père, ma sœur cadette Sihem et son cousin de mari Omar ainsi que mon épouse et moi-même. Ayant échappé de justesse à une première attaque cardiaque, ma mère se savait condamnée. Le vieux médecin qui la suivait depuis une quarantaine d'années lui avait confié que la médecine avait ses limites, que son cœur, ce grand cœur martyrisé, allait succomber à la prochaine secousse. Allongée sur son lit, elle regarda mon père dans les yeux. Sans doute vit-elle le fils de khammès qu'elle avait épousé il y a plus de cinquante ans. Le regard méprisant, elle lui cracha ce qu'elle avait tu durant de longues années.

Tout ce qu'elle avait dû supporter. Elle déballa les histoires des familles Kaderi spoliée et Amari volée et laissée sur la paille par mon père. « Tu penses effacer toutes tes ignominies en allant visiter chaque année les Lieux Saints ? Tu ne peux pas berner Dieu comme tu as berné les humains ! » lui lança-t-elle. Et elle lui asséna le coup de grâce : « On t'a donné une fleur à humer et tu l'as mangée ! Tu es bien le fils d'un khammès. »

Mon père qui avait gardé jusque-là un visage impassible fronça les sourcils et se racla la gorge. Il était brun, il devint gris. Il marmonna alors en quittant la pièce : « El hadja délire. » Ma mère ne répondit pas. Elle n'avait plus rien à dire. Ce qu'elle n'avait osé sortir en cinquante ans d'asservissement fut expurgé en cinq minutes. Soulagée, elle se tut et détourna son regard. Nous étions stupéfaits par sa colère brusque et inattendue. Les mines des présents affichaient une approbation muette, heureux d'avoir assisté au cri de colère de cette femme exemplaire. Outre la fierté d'avoir vu ma mère dire son fait, je compris que ce qui avait le plus touché mon père, c'étaient ses origines et celles de ma mère. Deux mondes opposés qui durent cohabiter un demi-siècle durant : la plèbe et l'aristocratie. Fier d'elle, j'avais une folle envie de la serrer dans mes bras. Je me suis penché tout doucement sur elle et je l'ai embrassée sur la joue.

Elle a juste dit : « Nabil, mon fils chéri… »

Elle s'éteignit durant la nuit. Morte comme elle avait vécu : sans un mot.

Mon père est mort d'un infarctus du myocarde, cinq ans après ma mère. Il avait, semble-t-il, le sourire aux lèvres. Mais quand j'ai découvert son visage pour un dernier adieu, avant la sépulture, je n'ai rien vu de tel. Rien qu'un masque de cire. « Belle mort », ont commenté beaucoup de membres de la famille. Certains ont même eu cette réplique dont je n'ai pas compris le sens tout de suite : « Il est mort comme il a vécu : debout. » À vrai dire, son décès était programmé. Malade du cœur, il prenait du viagra comme d'autres des bonbons pour satisfaire la jeune veuve de trente ans, l'exception de sa vie, qu'il a épousée alors que le corps de ma mère était encore chaud. Le médecin l'avait prévenu : « Retiens ton ardeur, hadji, tu risques d'y laisser ta peau. » Mon père lui promis de ralentir la cadence. Selon les confidences de sa veuve à ma femme, il n'en a rien fait. « Il avait la vigueur d'un jeune homme. Plus viril même que mon défunt mari qui avait pourtant le même âge que moi. » Il est mort en pleine action avec sa jeune épouse Zineb. C'était donc cela mourir debout… Il avait confié à celle-ci, selon ce que m'a raconté Warda, que sa première épouse se refusait à lui depuis une vingtaine d'années. L'idée que ma mère avait pu lui opposer un refus m'a rendu encore plus fier d'elle. Elle pouvait tout simuler. Tout, sauf l'amour ou ce qui y ressemble, c'est-à-dire ce frottement d'épidermes ponctué de convulsions. Avec Zineb, mon père essayait, en somme, de rattraper les années de sevrage. Le plus stupéfiant, c'est que depuis son remariage, mon père avait changé. Exit le silencieux qui ne savait que donner des ordres. À la moindre parole de sa jeune épouse, il riait bruyamment comme si elle lui avait raconté une blague. Elle était vraiment son exception. D'ailleurs, il riait tout le temps, pour un rien. Comme s'il voulait rattraper le temps où aucun sourire ne se dessinait sur son visage. Au début, on rendit hommage à cette femme qui avait su le rendre si joyeux. Mon père était amoureux. Il brûlait de désir. Naguère, il créait le malaise par son air bougon, maintenant c'était par son amour. Il avait tout le temps les yeux fixés sur Zineb, la langue pendante. Ceux-là mêmes qui applaudissaient sa transformation le trouvaient ridicule, un comportement à la limite du choquant. Un octogénaire amoureux, c'est une gifle pour nous ses cadets, affadis dans nos couples. À chaque fois que Warda voyait mon père et son épouse, j'avais droit à ses remontrances.

« Même s'il est ridicule, ton père est fou amoureux de sa femme ! Il n'est pas comme certains… Tu comprends ? » De toutes les façons, je comprenais toujours ce qu'elle voulait dire. Je me suis mis à espacer mes visites à mon père dont le nouveau tempérament le rapprochait de mes enfants.

La plantureuse Zineb répondait aux canons de la beauté d'antan : peau blanche, lourde poitrine, léger embonpoint, yeux de biche et bouche pulpeuse. Je lui trouvais même quelque ressemblance avec la chanteuse Samira Toufik que mon père a redécouverte dans sa vieillesse amoureuse. Juste pour complaire à son épouse, lui qui ne regardait jamais la télé, il est devenu accro des chaînes arabes qui diffusaient en boucle les feuilletons pour femmes cloîtrées et jeunes filles en attente du prince charmant. Je savais qu'il ne saisissait pas un mot des dialogues, mais il faisait tout comme.

Bien entendu, Zineb ne s'est pas mariée avec mon père pour ses beaux yeux. Ils ne sont pas beaux d'ailleurs. Il était si myope qu'il ne reconnaissait pas une personne à deux mètres, à une exception près, son exception… Mais Zineb, il la reniflait sans doute. Avec une jambe à moitié paralysée, séquelle de son accident, ridé, ratatiné, il n'était pas plaisant. Si la jeune veuve a accepté de partager sa couche, c'est pour mieux partager sa richesse. Quand elle a épousé mon père, elle avait à peine une bague à l'annulaire.

Après six mois de mariage, elle était devenue « une statue en or », dixit Warda. Bracelets, ceintures, boucles d'oreilles, chaînes, bagues… étaient sa panoplie. Elle a même couronné quelques dents, si bien qu'elle a un sourire doré. Selon mon épouse, cette boulimie pour l'or et les pierres précieuses s'explique assurément par l'âge de son octogénaire d'époux. Profiter au maximum pour ne pas se retrouver sur la paille après le décès de son mari. Warda était choquée par le procédé : « Elle est en train de plumer ton père. À ce rythme, tu vas hériter de clopinettes ! » Je n'ai rien répondu. Je n'ai pu m'empêcher d'admirer Zineb. Elle faisait de cet homme rude et avare ce qu'elle voulait. Et par quelle magie ? La jeunesse et ses appâts.

Mon père est riche ; il était très riche plutôt. Des milliers de palmiers lui ont assuré à chaque récolte une fortune. Il possède trois villas : une où il habite, une autre en bord de mer et une autre au bled. Moi, j'habite dans l'appartement de fonction de mon épouse. Ce qui lui donne matière à gloser à l'infini sur le cœur de pierre de mon père. Pour Warda, mon père est un monstre : laisser son fils unique végéter dans un immeuble alors qu'il pourrait lui offrir un palais est impardonnable.

J'aurais pu habiter un des trois étages de la villa de mon père. Mais mon épouse n'a jamais voulu partager avec ma famille le même toit sous prétexte qu'on serait envahis dans notre intimité. Si mon père était égoïste, ma chère femme n'est pas quelqu'un de très conciliant non plus.

2

Les convives, réunis dans le grand salon du rez-de-chaussée, tiraient à boulets rouges sur toutes les personnes absentes. La médisance battait tous les records. « Amar est un voleur et Mustapha un traître, quant à Moussa c'est un double cocu ! » Un autre de s'interroger : « Et c'est quoi un double cocu ? »

Le premier répond : « Il est cocu par sa femme et sa fille, pardi ! » Une cascade de rires accueillit la réplique. Les plus forts dans ce genre d'exercice sont les vieux. C'est comme s'ils se vengeaient de l'outrage des ans et des revers subis en tapant sur leur prochain. Quant aux jeunes, le football est leur sujet de discussion incontournable. Pour moi, un sujet vain. Je préfère les médisances qui me font sourire, tout en me permettant de connaître l'envers des hommes. Que les racontars soient faux importe peu. L'essentiel est qu'ils font mon miel et celui de Warda à qui je rapporte tout. Toutes les saletés qu'elle entend sur les autres la rassurent sur son état de femme BCBG. « Nous n'avons pas beaucoup d'argent, mais au moins nous sommes propres », fait-elle remarquer à chaque fois.

Je m'approchai du groupe de lettrés constitué de collègues du lycée venus me présenter leurs condoléances. « Il faudrait faire grève juste avant les examens de fin d'année pour avoir gain de cause sur l'augmentation des salaires… », observe

Hichem Boubi, un prof de philosophie. On l'appelle « le Lourdaud » à cause de sa prolixité. Par sa seule présence, il plombe la discussion. Ma mère aurait dit que ses anges sont « lourds ». Entre thé et cacahuètes, il ergote sur la nécessité de coincer le ministre de l'Éducation avant les examens : « Le ministre est sur un strapontin à ce que m'a dit l'un de ses conseillers. Il a été si engueulé par le chef du gouvernement qu'il a parlé de démission. C'est le moment de lui porter l'estocade. » L'une des spécificités de mon collègue Hichem, c'est sa manie de crédibiliser ses propos en inventant des sources toujours bien placées. En dépit de ses arguments, les autres profs donnaient l'impression de penser à autre chose. À vrai dire, ils sont si désespérés qu'ils ne croient plus à rien. Nous avons perdu une collègue victime d'une rupture d'anévrisme à la suite, je présume, des six cours dispensés de 8 h à 20 h, avec une pause déjeuner de trente minutes. Morte pour avoir voulu joindre les deux bouts.

Ni mon épouse ni moi ne donnons de cours de soutien. Par éthique ? Il y a un peu de ça. Il y a même beaucoup de ça quand on nous entend parler. La vérité tue par ma femme et moi-même, c'est que nous avons honte de montrer notre cité-dortoir avec ses trottoirs jonchés de détritus, ses murs badigeonnés de graffitis et de dessins obscènes, ses escaliers dégageant des odeurs de vespasiennes. Un seul élève à la maison, et il irait le claironner sur tous les toits : « Le couple de professeurs le plus élégant et le plus soigné loge dans un immeuble d'une saleté repoussante. » Quelle honte ! La solution la plus indiquée est d'aménager un local ou un garage loué au rez-de-chaussée d'une villa ou au sous-sol, d'y installer quelques tables et chaises et d'entasser à tour de rôle trois groupes de vingt élèves, ce que font la plupart de nos collègues. À 4 000 dinars par élève, à nous le pactole de 240 000 dinars, dont on soustraira 40 000 dinars pour la location. Si Warda fait de même, nous aurons 200 000 dinars de plus. Soit huit fois plus que ce qu'on perçoit tous deux ! À nous les belles voitures, les belles vacances, et même un nouvel appartement !

Qu'est-ce qui nous retient de passer à l'acte ? D'abord, nous n'avons pas les économies nécessaires pour payer une année de loyer d'avance. Ensuite ? Le besoin de se sentir différents des autres, de les considérer comme une race de commerçants lorsque nous sommes restés de purs intellectuels. Peut-être est-ce cela qui nous empêche de sauter le pas ? De toutes les manières, on est si exténués après les cours au lycée qu'on n'a qu'une envie : se reposer et faire le vide à la maison. En toute sincérité, j'ai plutôt un blocage psychologique. Je n'ose pas faire le pas. Je sais que j'ai tout à gagner à donner des cours, mais tout mon être se cabre à cette idée. Sur ce plan, je suis bien un velléitaire. J'ai les velléités des intellectuels démocrates : un pas en avant, un pas en arrière.

Enfant, j'étais très timide. Si timide que je cherchais n'importe quelle excuse pour ne pas aller chez une tante qui n'avait que des filles, toutes aussi jolies les unes que les autres. Ma mère me disait alors avec ses yeux qui plongeaient au fond de mon âme : « Quand on ne veut pas faire une chose, toutes les raisons sont bonnes, y compris les mauvaises. » Et elle ajoutait : « Tu viens, sinon je ne viendrai pas te voir dans ta chambre pour te raconter une histoire de fantôme avant que tu ne t'endormes. » Et comme je pouvais me passer de tout, sauf de sa douce présence et de ses histoires qui me faisaient frissonner juste avant de plonger dans le sommeil, j'obtempérais à chaque fois. À la longue, c'était devenu une sorte de jeu. Même à l'âge adulte, quand ma mère voulait que je l'emmène chez cette même tante, j'avançais en souriant les mêmes excuses que jadis. Et elle me répondait de la même façon. C'était devenu un rituel. Entretemps, les filles qui me paralysaient de trac avaient perdu de leur beauté en se mariant. Grosses et fades, plus rien des sirènes ensorceleuses d'antan. C'est fou ce que les belles filles s'enlaidissent avec le mariage, contrairement à l'homme qui s'épanouit comme un coq.

Je les regarde, ces invités, s'échauffer et s'esclaffer. Ils sont à l'opposé de ceux qui sont venus pour l'enterrement de ma mère. Ceux-là étaient d'une tristesse infinie. On voyait la tristesse, la perte d'un être exceptionnel. Ma mère a été la mère de toute la famille : de ses sœurs et de leurs enfants, des cousins éloignés, des cousines pauvres et de tous les nécessiteux qui venaient frapper à sa porte. C'est à sa mort que j'ai découvert combien elle était généreuse. Ma sœur Sihem m'avait révélé qu'avant son décès ma mère avait offert aux pauvres l'intégralité de ses bijoux et de sa garde-robe. Elle avait dit que là où elle serait, les bijoux ne lui serviraient à rien. Elle n'aurait besoin que de la miséricorde de Dieu et des prières, alors que les pauvres pourraient soulager quelque peu leur misère avec ce qu'elle leur aurait offert. C'était une sainte. D'ailleurs, signe sans doute du paradis, juste après son enterrement, sa chambre embaumait un parfum extraordinaire. On aurait dit un jardin de l'Andalousie mythique. Même mon père qui ne croit guère aux miracles est resté sans voix devant ce phénomène inexplicable. Une vieille cousine, tellement vieille que la mort l'a sans doute oubliée, a mis fin à cette énigme en nous expliquant que toutes les personnes qui n'ont pas commis une seule mauvaise action durant toute leur vie sont ainsi récompensées : le lieu où elles ont vécu embaume le lendemain de leur départ. Tous les regards se sont tournés vers mon père. On était sûr que sa chambre n'allait pas sentir la rose, avec toutes les misères qu'il a fait subir à ma mère. Cependant, jusqu'à maintenant, sa chambre n'a exhalé que les parfums bon marché de son épouse.

Aucun homme présent à cette occasion ne parlait de mon père. Pourtant, ils étaient là pour lui, enfin pour sa mémoire. « On dirait une fête, hein fiston ? » Je me retournai. C'était oncle Messaoud qui me désignait un groupe d'invités en train de rire aux éclats. Il avait un air que je ne lui connaissais pas : l'air de celui qui est devenu important, après la mort du patriarche de la famille. D'ailleurs, c'est lui qui a tout organisé :

l'enterrement dans une tombe très prisée, semble-t-il, à cause de son emplacement retiré et facile d'accès dans le carré des VIP du cimetière de Kouba. « Il a fallu que je fasse intervenir d'éminentes personnalités pour que j'obtienne une dernière demeure à la mesure du standing de mon défunt frère », me confia-t-il avec cet air malin que je lui ai toujours connu. La pierre tombale en marbre italien, c'est aussi lui. Et même l'imam pour la prière mortuaire au cimetière, c'est encore lui. L'achat des victuailles pour le dîner du troisième jour ainsi que les moutons spécialement ramenés des steppes de Djelfa, c'est bien entendu lui. Il a pensé à tout. C'est pour cette raison qu'il est content. Il se frotte les mains, avec le sourire du maquignon qui a réussi une bonne affaire. À plus de soixante-dix ans, oncle Messaoud est un peu le parent pauvre de son grand frère. Quand on voit son entregent, son savoir-faire et le nombre de ses relations, on s'étonne de ses conditions d'existence tout juste modestes. C'est à peine si son magasin de dattes lui permet de vivre décemment. Pourtant, oncle Messaoud m'a toujours semblé le type d'homme débrouillard capable de tirer les marrons du feu dans n'importe quelle situation. Mon père m'en donna l'explication par hasard. Alors que je lui rendais visite, son épouse vint l'informer que Messaoud était au téléphone, situé dans une autre pièce. Il la pria de lui dire qu'il était fatigué. Il attendit le retour de sa femme pour s'exclamer : « C'est quand il est à court d'argent qu'il me téléphone. Il n'ose pas me le dire en face. » Il se racla la gorge, puis poursuivit : « Le magasin qu'il possède à Belcourt, c'est moi qui le lui ai acheté. Il n'a jamais réussi dans les affaires. Et vous savez pourquoi ? Parce qu'il a toujours manqué de bon sens. Il court plusieurs lièvres à la fois. Il veut tout avoir, si bien qu'il n'a rien. J'ai appris de mon père, *Allah yarahmou*, que quand on veut avoir quelque chose, il ne faut penser qu'à ça, en focalisant toute son énergie sur cet objectif. La règle : un but, un seul, jamais plusieurs à la fois. » Je fus étonné par cette leçon qu'un spécialiste du marketing n'aurait pas reniée. Il marqua une pause et ajouta avec une moue méprisante : « Cet esprit confus et instable court la gueuse. C'est un faible de caractère… » Cela dit, il commença à bâiller. Les cils de Zineb battirent de plus belle. J'étais dans la position de l'intrus. Je les saluai et partis, quelque peu étonné par les propos de mon père. Je ne me suis jamais douté que mon oncle était un coureur. Pourtant, ses moustaches en crocs, son regard mobile de chasseur et sa mise toujours coquette auraient dû me mettre la puce à l'oreille. Mais comme j'ai tout le temps la tête plongée dans mes cahiers et mes livres, « je suis aveugle à tout », comme dit mon épouse, ajoutant son fameux « tu comprends ? », pour montrer que je ne vis que pour mes livres et mes élèves, négligeant totalement le reste. C'est-à-dire le foyer, mais surtout elle. Je suis le contraire de mon oncle. Malgré un physique avantageux – ce n'est pas pour rien qu'on me surnommait « Gary Cooper », j'ai toujours été fidèle à mon épouse. Et même avant de rencontrer Warda à la fac, je ne suis jamais sorti avec une fille, en dépit de plusieurs sollicitations. Leurs babillages me laissaient de marbre. Et leurs formes ne réveillaient rien en moi. Le premier frisson amoureux, je l'ai connu avec ma Warda. Elle m'a décoincé. Pourquoi elle et pas une autre ? Allez comprendre les mystères du cœur. Ou autre chose comme me l'a perfidement suggéré un jour Ghani, mon meilleur ami, psychologue, sondeur de mon âme. Me voyant subjugué par celle qui n'était alors qu'une camarade de classe, moi l'indifférent à toutes les filles, il me dit avec une mine de conspirateur que cette Warda avait dû m'envoûter avec des trucs de sorcellerie pour me rendre si fou d'elle. « Avec ton physique, tu peux avoir n'importe quelle fille, et te voilà dingue de celle-là qui est tout juste potable. Crois-moi, il y a anguille sous roche. »

Le jour où il surprit Warda avec une paire de ciseaux en train de me couper les cheveux dans le jardin de la fac au vu et au su de tout le monde, je pense qu'il a saisi l'intensité de mon amour. Malgré tout, il ne put s'empêcher de comparer mes cheveux au gazon d'un stade de foot piétiné par des chevaux de trait. Je courus vers une voiture et me regardai dans le rétroviseur. Je lui répondis : « T'es jaloux ! » Il sourit et me dit : « T'as raison, c'était juste pour te taquiner. » On ne parla plus de Warda. Pour ne pas mettre en péril notre amitié, il se tint toujours à distance de notre couple. Peut-être avait-t-il honte de sa femme ? Une très belle fille avec un cheveu sur la langue et beaucoup de graisse dans la cervelle. Warda l'aime bien. Elle se sent intelligente en sa compagnie. Elle l'aime comme elle aime les poissons dans leur aquarium. Elle est pour elle matière à distraction.

3

Mon oncle me secoue le dos d'une tape bourrue. Il croit me consoler en me murmurant : « Les anciens disent que si les convives du troisième jour sont joyeux, c'est un signe de paradis pour le défunt. » Je ne bronche pas. Je n'ai jamais entendu pareille sornette. J'allais lui demander ses sources, mais j'ai préféré me taire. S'attendant peut-être à des paroles de miséricorde de ma part sur mon défunt père, ne les voyant pas venir, il me scruta longuement avant de lâcher :

– J'ai remarqué que la mort de mon frère t'a laissé de marbre. Tu as raison, il ne mérite pas que tu le pleures…

Je le regardai, les yeux écarquillés, stupéfait par ses paroles.

Il hocha la tête, heureux de l'effet procuré. Lui qui n'a jamais pu soutenir le regard de mon père, le voilà le découpant en menus morceaux trois jours à peine après sa mort. Je me rappelle alors les mots de mon père sur l'instabilité et la confusion de caractère d'oncle Messaoud. Sans doute s'est-il senti brimé toute sa vie par cette figure de commandeur. Cependant, je dois avouer que ses paroles m'ont irrité. Je n'aime pas les personnes qui médisent sur les morts.

– Ne t'a-t-il pas acheté le magasin de Belcourt ?

Il bondit comme piqué par un scorpion.

– Ah ! Toi aussi tu es au courant de cette histoire ! Il m'a acheté quoi, un palais ? Une boutique de pacotille… Et pourquoi donc ? Pour que je vende ses dattes ! Il me contrôlait au dinar près. Tu veux que je te dise : chaque fin de mois, je lui remettais toute la recette. En échange, il me versait un salaire de misère avec une prime sur le chiffre de vente tout aussi minable… Cela fait plus de quarante ans que je vis comme ça !

Une quinte de toux l'interrompit. Je voulais lui dire : « Mais personne ne t'a obligé à subir cette humiliation ! Dis plutôt que tu as vécu à ses crochets comme un bon à rien dépensant tes revenus avec les femmes de joie. » Je ne répondis rien par respect. Furieux, touché dans son amour-propre, oncle Messaoud ne put contenir sa haine :

– Je vais te dire, oui je vais te dire. Ton père aurait dû être fusillé à l'indépendance ! Et tu sais pourquoi ? Parce qu'au lieu de monter au maquis comme beaucoup d'Algériens, il a préféré s'enrichir ! Même cette belle villa de Hydra, il l'a occupée de force dès le 19 mars. Ses propriétaires n'avaient pas terminé de faire leurs valises pour partir en France que le voilà maître des lieux. Et personne n'a pu le déloger. Il a corrompu tout le monde. À lui la villa, à moi un appartement de quatre pièces au Clos-Salembier…

À bout de souffle, il marqua une pause. Ce qu'il disait sur mon père ne m'étonnait pas. Beaucoup de personnes de ma famille le murmuraient. En revanche, l'ingratitude de ce procureur me laissait sans voix. S'il habite un appartement, c'est bien à mon père qu'il le doit. Et puis, s'il fallait fusiller mon père pour enrichissement pendant la guerre de libération, on devrait lui aussi le passer sur le poteau d'exécution. À l'époque, oncle Messaoud avait presque la vingtaine et ne s'était impliqué d'une quelconque manière dans ce combat. Il n'avait aucune excuse, comme l'invalidité physique de mon père. Sans doute courait-il les femmes comme mon père courait après l'argent. À chacun sa course. Devant cette violente diatribe, je ne savais quoi dire. Défendre mon père ? Autant mettre de l'huile sur le feu. Je me tus. Sa face décomposée par la colère frémissait de toute part. À cet instant, son visage trahissait ses soixante-dix ans, qu'il essayait de masquer en se teignant les cheveux. Son téléphone fit entendre deux bips. Il le scruta en le rapprochant de ses yeux, sa vue avait baissé mais il s'obstinait à ne pas porter de lunettes par coquetterie. Il lisait un message. Il hocha la tête tout en laissant échapper un grand soupir. Il me fit penser à un enfant. Soudainement il se reprit, comme tout grand séducteur, il savait jouer la comédie. Il lissa ses moustaches d'un air coquin et me sourit. Je compris que le message était porteur d'amour. J'enviais sa capacité à passer de la colère à la joie grâce à une femme. À son âge, en plus ! Quand je suis en colère, il me faut du temps pour reprendre mes esprits. Et ce n'est pas un SMS de Warda qui me rendra ma bonne humeur. D'ailleurs, ni elle ni moi n'avons de portable. Source de dépenses inutiles, on préfère rester à ce bon vieux fixe, même s'il est piraté de temps à autre. Rien ne me fait changer d'humeur aussi rapidement. Je pense que cette absence de légèreté est un défaut d'intellectuel. Plus on s'instruit, plus on est grave. Et c'est le sérieux qui réduit notre capacité d'émerveillement et d'enthousiasme. On a plus de scrupules et moins d'audace devant les occasions. D'ailleurs, un agrégé dans les études et un agrégé par la vie devant une bonne affaire paraissant trop bonne pour être vraie agiront différemment. Le premier va peser le pour et le contre, analyser, consulter, alors que le second va foncer. Le meilleur exemple nous est fourni par ceux qui ont dirigé l'Algérie dès l'indépendance. Ce ne sont pas les combattants intellectuels qui ont pris le pouvoir, mais les fonceurs. Et ces fonceurs n'ont que mépris pour « les beaux esprits chauves d'avoir trop étudié », comme les appelle un illettré de coiffeur qui me prenait pour un maître d'hôtel dans un palace algérois. Sans doute à cause de mon maintien et de ma chevelure assez fournie.

Ah ! S'il savait à quelle race j'appartiens. Je dois cependant lui reconnaître, entre rinçage et séchoir des cheveux, la découverte d'une surprenante phrase dans sa bouche : « Trop d'études émoussent la vitesse de réaction et d'exécution de l'individu. »

Surpris par la pertinence de ces mots, je lui demandai où il avait bien pu les entendre. Il me répondit en haussant les épaules :

– J'ai constaté ça tout seul. Au premier coup d'œil, je peux te dire à quelle catégorie appartient un client qui entre dans mon salon. L'instruit, même s'il voit le fauteuil de coiffure libre, me demande d'un air hésitant s'il peut se faire coiffer, si je n'attends pas un client qui a pris rendez-vous, etc. Quant à l'autre, il s'assoira tout simplement sur le fauteuil en me commandant d'autorité telle coupe de cheveux.

Il me pommada la chevelure en ajoutant d'un air d'oracle : « Le monde appartient à ceux qui foncent. » Après cette remarque, j'ai préféré changer de coiffeur de peur d'être débusqué ou décoiffé.

Oncle Messaoud me prit par le bras, s'approcha de moi pour une confidence que je pressentais grivoise quand je vis son fils Omar foncer vers nous à grands pas. C'est un grand dadais que ce cousin marié à ma sœur unique Sihem. Il habite d'ailleurs un étage de la villa. Cela fait vingt ans qu'il occupe l'appartement au-dessus de celui de mon père. Cadre dans une société d'engrais, il sent le fumier. Lui, on le sent avant de le voir. Et quand on le voit, on le subit. Un vrai moulin à paroles. Il paraît, toujours selon Warda mon intarissable épouse, qu'il a passé sa nuit de noces à disserter sur les différentes types d'engrais jusqu'à saouler son épouse. Le lendemain, quand on a demandé à ma sœur comment s'est passée sa nuit, elle a répondu que le prince charmant s'est subitement transformé en prince parlant, et qu'il lui en a fait voir de toutes les sortes d'engrais, sauf la bonne. Ce qui a beaucoup fait rire les femmes présentes. Ma sœur est très fine. Même si elle n'a pas fait d'études supérieures, elle a hérité de ma mère sa causticité et son esprit.

La démarche d'Omar m'interpelle. D'habitude, quand il vient à la maison, il marche la tête enfouie dans les épaules, le voilà bombant le torse, la tête du nouveau propriétaire. Décidément, le décès de mon père a un effet extraordinaire sur le père et le fils. Les empêchait-il à ce point de vivre ? Le fait que mon irascible père ait accepté sous son toit son neveu et beau-fils qu'il n'estimait guère reste un mystère.

Est-ce par amour pour sa fille qu'il a supporté son mari ? S'il l'aimait, il ne le montrait pas. Introverti, fier, je crois que s'il a accepté qu'elle habite chez lui, c'est pour compenser la différence de niveau d'instruction. Chez elle, son époux ne pouvait pas la regarder de haut en dépit de ses études supérieures. Quand je vois le profil bas de mon cousin, je me dis que si mon père avait eu cet objectif, il l'avait atteint. Il avait inversé le rapport de forces. C'est vrai que ma sœur appartient à la race des femmes de bon sens, et mon cousin à celle des têtes en l'air. Raison pour laquelle elle le dominait.

Quand oncle Messaoud vit son fils, il ravala ses paroles.

– Comment vont les femmes ? interrogea-t-il.

– Elles pleurent sans cesse, répondit Omar, surtout tante Zineb et Sihem.

L'oncle laissa tomber :

– Zineb a raison de pleurer. La poule aux œufs d'or est morte… Et puis, de grâce, arrête d'appeler Zineb tante. Elle est plus jeune que toi et n'est pas ta tante. D'ailleurs, je ne crois pas qu'elle apprécie cette appellation. Une belle femme comme elle veut toujours rester jeune, hein, Nabil…

Je ne répondis rien. Je commence à me familiariser avec ce nouvel oncle qui avance toutes barrières baissées. Il ne craint pas de dévoiler sa nature de séducteur. Il n'a peur de rien, maintenant qu'il est devenu le doyen. Celui qui d'un froncement de sourcils le faisait trembler est parti. Le changement subit de mon oncle m'a rappelé une histoire entendue chez Boualem, mon coiffeur. Une femme cloîtrée pendant de longues années chez elle découvre la liberté après le décès de son mari. De femme enfermée et respectable, elle devint une dévergondée de la pire espèce. Commentaire de Boualem : « La liberté est une arme qui se retourne contre ceux qui en abusent. »

Omar se frotte les mains, ne sachant quoi dire, et fait remarquer :

– Sihem a pleuré toute la nuit. Elle m'a empêché de dormir.

Oncle Messaoud l'apostropha durement :

– Quel dadais tu es ! Tu aurais pu changer de pièce ou même d'étage, avec le palace que tu habites.

Il marqua une pause et ajouta en me regardant comme s'il voulait tester ma réaction :

– Maintenant que mon frère est mort, il est tout à toi…

Le fils gêné lança :

– Tu as oublié Nabil, le seul héritier mâle, et Zineb.

Le père répliqua vivement, comme s'il n'attendait que cette réponse pour préciser :

– Je n'ai rien oublié. Zineb est une femme. Elle ne compte pas beaucoup. Quant à Nabil, le seul héritier mâle comme tu dis, c'est un intellectuel qui aime les romans et les histoires. J'en ai une que je vais lui raconter et qui lui fera énormément plaisir…

Je ne pus comprendre ses paroles. Me raconter une histoire qui me plaira… Quel genre d'histoire ? J'essayais de saisir l'insinuation du père quand le fils, sautant du coq à l'âne, nous annonça sa promotion en tant que chef de département…

Son père le coupa net.

– Et tu es content, hein ? Et tu es content d'être chef de je ne sais quoi alors que tu aurais dû être directeur depuis longtemps !

Je ne pensais pas qu'oncle Messaoud brimait autant son fils. Il lui suffit d'ouvrir la bouche pour qu'il soit rabroué. Le léger bégaiement de Omar tire sans doute son origine de cette confiscation de la parole. Au troisième jour des funérailles de mon paternel, je découvre des choses sur ma famille plus que toute une vie durant. La mort d'un proche est plus révélatrice que sa fête. On apprend ce que la joie tait ou garde en sourdine.

La compagnie de mon oncle et de son fils commence à me peser. Je vais rejoindre la cohue du salon. Je m'assois près du groupe des sportifs. Ex-voisins pour la plupart du temps où l'on habitait Laâqiba, à Belcourt, ils ont gardé cette bonhomie des quartiers populaires. Selon Warda, leurs femmes sont toutes venues les mains chargées de victuailles. Une tradition de solidarité qui remonte à très loin en Algérie. Les voisins de mon père, ceux de ce beau quartier de Hydra, n'ont ramené que leurs beaux habits et leurs convoitises. « Il fallait voir comment leurs épouses dévoraient du regard les meubles et les tableaux. Si elles savaient que chez El hadj, *Allah yarahmou*, il n'y avait que du toc, elles m'auraient ri au nez. Mais comme toutes ces bourgeoises sont des parvenues, je n'ai eu aucune peine pour leur faire prendre des vessies pour des lanternes », me confia Warda dans son rapport quotidien du soir. Les philosophes nous recommandent de faire un examen de conscience avant de dormir. Pour Warda, c'est la revue de ce qu'elle a vu et dit. Toujours avec des commentaires acidulés.

On parlait de la dernière prestation de l'équipe nationale quand j'entendis : « Ils sont tous milliardaires ces tocards, ils ne pensent qu'à leurs comptes bancaires et non aux couleurs nationales. » Rien qu'au mot « milliardaire », je compris que c'était mon cousin Ahmed. C'est un cas celui-là, il ne parle que d'argent, que de « milliard ». Pour lui, le monde se divise en deux parties : les milliardaires et les autres. Les premiers ont toutes les vertus. Les seconds ne sont même pas dignes de vivre. Son intrusion n'ayant pas fait bifurquer la discussion sur les revenus des joueurs, il revint à la charge sur le ton de la confidence :

– J'ai rencontré Halim Farek, le grand journaliste sportif. Il est décidé à dénoncer l'appât du gain de ces milliardaires. Il va y avoir du sang, les gars.

Personne ne broncha. Seul un jeune trisomique accompagnant un des visiteurs lança gaiement :

– Le sang ! Hou… Hou ! *One, two, tree*, viva l'Algiraie !

Ne suscitant aucune réaction, Ahmed alla vers d'autres cieux plus cléments à ses foucades. Le visage des présents se détendit. Je compris qu'ils l'avaient pris pour un écervelé ne méritant aucun intérêt. Ce qui n'est pas tout à fait faux. Pendant une heure au chevet de son père agonisant El Hadj Mouloud, j'ai dû le supporter : « Celui-là est un milliardaire, c'est un homme. Untel est un parfait cocu, il n'a pas le sou… et celui-ci est un chien qui a fait fortune… Mais dans quel pays de Mickey sommes-nous ? » Je m'étonnais de voir le fils aborder des sujets triviaux devant son père agonisant quand j'entendis celui-ci murmurer d'outre-tombe : « Tu as oublié le traître de Aissa qui a fait fortune grâce à ses filles. » Le fils rassura son père : « Mais non, je n'ai pas oublié cet abruti. Je l'ai vu tout à l'heure dans son 4x4. Il m'a demandé de tes nouvelles… » Le père répondit faiblement : « Qu'il aille au diable ! Un chien est un chien, même s'il est de la meilleure race, et le lion reste un lion, même vieux. » Je n'ai jamais entendu autant de méchanceté de la part d'un mourant. Je pense qu'il ne s'en rendait même pas compte. La méchanceté est consubstantielle à son être comme son nez et sa bouche. Le comble, c'est qu'il était Hadj ! Il a visité les lieux saints de l'islam à plusieurs reprises ! Apparemment une opération marketing pour s'accorder la miséricorde divine. Il n'est pas le seul. Beaucoup de voleurs et de violeurs font les mêmes calculs : on prend ce qu'il y a à prendre et on va laver ses péchés dans les lieux saints ! Ils pensent réellement effacer leurs taches les plus sales dans le meilleur des pressings. Voyant que la langue du malade se portait comme un charme, j'ai profité d'un moment de somnolence de sa part pour m'éclipser. Dehors, l'air que je respirais me revigora. Les deux langues venimeuses ajoutées à l'odeur de la mort avaient pollué la pièce. Le lendemain, j'appris qu'El Hadj Mouloud était décédé la nuit même. Je feignis une forte grippe pour ne pas subir Ahmed au cimetière, qui n'aurait pas manqué de gloser sur les pauvres morts, ex-milliardaires et ex-pauvres.

4

Il était vingt-trois heures et les derniers convives commençaient à partir quand Omar, tout tremblant d'excitation, vint me dire que Si Salah Hadj Bazooka voulait me voir. Il m'attendait dans sa voiture. Si Salah Hadj Bazooka, le grand moudjahid, je n'en croyais pas mes oreilles ! Tous les convives étaient étonnés d'ailleurs. Ceux qui s'étaient levés pour prendre congé de moi se sont vite rassis. La nouvelle était de taille. C'était même un événement. Si Hadj Bazooka ne sortait de chez lui qu'exceptionnellement pour rendre visite au président ou aux anciens héros de la Révolution comme lui. Mille questions se percutaient dans ma tête : pourquoi est-il venu ? Mon père a-t-il laissé des dettes ? Est-il venu pour maudire sa mémoire d'ancien planqué ? Convoite-t-il la villa ? Je me suis rappelé que lors de l'inhumation de mon père, je n'ai vu aucune grosse légume, comme on dit, juste des voisins de Belcourt, ceux de Hydra, ainsi que mes collègues et la famille. Aucune figure connue, aucun officiel. Et voilà que le plus illustre d'entre eux vient en personne à la porte du défunt. Je sors, accompagné d'oncle Messaoud et son fils. Le premier encore plus étonné que moi.

– Ça alors, Hadj Bazooka qui vient nous voir ! Mon frère ne le croirait pas…

Puis au moment d'ouvrir la porte, il s'arrêta et me prit par le bras :

– Ton père ne t'a jamais parlé de lui ?

Je sentais poindre de l'inquiétude dans sa dernière question. Je lui répondis que j'étais aussi étonné que lui et que je n'avais jamais entendu mon père parler de cet homme.

Juste devant notre porte, une belle limousine noire était stationnée tous feux éteints. À l'arrière, une silhouette sombre.

La portière s'ouvrit et un homme s'extirpa main tendue vers moi. Il était de taille moyenne, un nez proéminent sur un visage buriné, la tête tondue et les yeux d'une grande vivacité derrière de grosses lunettes en écailles.

Il devait avoir soixante-dix ans, quatre-vingts ans, plus ? Je ne pouvais lui donner un âge avec certitude. Il les a tous. Comme tous les grands fauves de la politique, son âge doit varier en fonction des situations et des interlocuteurs. Quoi qu'il en soit, il ressemblait à un enseignant à la retraite. Il me dit d'une voix rauque, en me serrant la main :

– Vous êtes Nabil, le fils du regretté ?

Je hochai la tête, ému. Il m'attira vers lui et me donna l'accolade. Mon oncle s'empressa de dire :

– Moi, je suis son oncle Messaoud, le frère du regretté, et voici mon fils Omar.

Hadj Bazooka prit la main de mon oncle qui s'offrait à lui, tout en gardant son regard posé sur moi.

– Mon cher fils, je suis venu te présenter mes sincères condoléance.

J'allais le remercier quand j'entendis mon oncle s'esclaffer :

– C'est un grand honneur que de vous recevoir ! Mon cher frère aurait été enchanté… Bienvenue chez nous.

Tout en parlant, il invitait Hadj Bazooka à pénétrer dans la maison. Ce dernier déclina poliment l'invitation. Il posa sa main sur la poignée de la portière. Juste avant de s'engouffrer dans sa limousine, il me tendit sa carte de visite.

– Passe me voir le 10 juin à 14 h. Je t'attendrai.

Il me serra la main, ainsi que celle de mon oncle; qu'il

regarda bien dans les yeux en lui murmurant :

– On se connaît nous deux, hein ?

Et mon oncle de se prosterner :

– Je pensais que vous m'aviez oublié, Si El Hadj ! Ah, quel honneur que de vous revoir !

Il prit place dans sa voiture qui démarra en douceur. À ce moment, on entendit une voix admirative s'exclamer :

– Hadj Bazooka est un vrai milliardaire !

Ahmed qui nous avait rejoint ajouta ébloui :

– Avec son passé glorieux, il aurait pu avoir la moitié de l'Algérie. Il s'est contenté d'être un homme de grande influence...

Après le départ de Hadj Bazooka, oncle Messaoud était encore sous le choc. Il me prit par le bras et me fit faire quelques pas de côté pour s'éloigner des autres et s'exclama :

– Tu as vu, il me connaît ! Moi je ne me rappelle même pas de lui ! Et je n'ai pas osé le lui dire !

Il rit, heureux de lui, heureux d'avoir été visible aux yeux de notre visiteur.

« Il me connaît ! Il me connaît ! » glapissait-il, en état de lévitation. En grand seigneur, il me donna ma part :

– Il est venu pour te présenter ses condoléances et en plus il t'invite chez lui, n'est-ce pas stupéfiant ?

Prenant mon silence pour une sorte d'acquiescement tacite, il poursuivit :

– Pourtant, il doit bien savoir qu'El Hadj Saci n'a pas participé à la guerre de libération, hein, il est bien placé pour le savoir, lui... Il doit savoir aussi qu'au moment où les autres se battaient, lui faisait des affaires !

Soudain, on entendit un rire sarcastique. Ahmed nous avait suivis discrètement. Il faut dire qu'il a toujours été d'une curiosité maladive. Il riait à gorge déployée, au point d'irriter mon chatouilleux oncle.

– Qu'as-tu à rire comme un dément, espèce de taré ?

Ahmed s'arrêta net. Il est connu pour être aussi impulsif qu'envieux.

– Taré toi-même, coureur de jupons !

Il se rapprocha encore plus de nous, l'haleine avinée, tordit la bouche, cracha par terre et dit d'un air menaçant que j'ai vu chez certains voyous dans les films de série B :

– Tu parles d'El Hadj Saci, ton maître, espèce de parasite. Tu as vécu à ses crochets toute ta vie ! Tu parles de guerre de libération alors que tu jouais à la belote en sirotant de l'anisette avec les pieds-noirs…

Oncle Messaoud devint livide. J'avais même l'impression que sa moustache, si fière, tombait. Le choc était si grand qu'il avait perdu l'usage de la parole. Je jubilais. Ahmed asséna ses quatre vérités à ce vieux grigou. Il avait défendu mon père non par esprit de justice, je présume, mais pour se venger, comme il le fait à n'importe quelle occasion, de l'offense infligée par oncle Messaoud en lui refusant, il y a une vingtaine d'années, la main de sa fille Hafsa. Argument avancé : il n'avait pas assez de moyens pour assurer une vie décente à sa fille. Je pense que c'est à partir de cet affront qu'Ahmed a commencé à cultiver le syndrome du milliardaire.

Comme je ne voulais pas qu'ils en arrivent aux mains, j'ai poussé mon oncle vers l'entrée de la maison en lui murmurant : « Il est saoul comme une bourrique… Allez, rentrons… » Et pour calmer sa colère, j'ajoutai qu'Ahmed était devenu un peu dérangé depuis la mort de son père, étant lui aussi condamné. Cette dernière information eut l'effet d'une forte dose de sédatif sur lui. Son visage changea du tout au tout. Je vis même un sourire cruel se dessiner sur ses lèvres. Il était heureux de la mort prochaine de ce cousin, enfin le mien par ma mère. Bien entendu, il n'y avait pas un mot de vrai sur la maladie d'Ahmed. Juste un subterfuge pour transformer la colère d'oncle Messaoud en pitié jouissive. Si les morts sont inoffensifs, les malades sont des morts en sursis. Qui pourrait leur en vouloir ?

Au salon, les invités se pressèrent autour de nous pour nous poser mille questions sur Hadj Bazooka. Ils étaient curieux, gourmands de nouvelles. Ils voulaient tout savoir. Quel lien mystérieux unissait le mort à ce héros devant lequel plient les plus valeureux ?

La tâche était ardue. Je ne me sentais pas d'attaque pour l'accomplir. Je laissai donc le soin à mon oncle. Lui savait y faire. Il releva la tête, l'air martial, et claironna d'une voix forte pour être entendu même par ceux restés sagement à leur place :

– Comme vous le savez, Hadj Bazooka est un très vieil ami de la famille ! Que de soirées passées ensemble à parler de ses exploits durant la guerre d'indépendance ! Je vais vous dire : il m'aimait comme son fils ! N'est-ce pas, Nabil ?

Je hochai la tête, l'appuyant dans son mensonge. Il continua à leur raconter ce qu'ils voulaient tous entendre : comment lui et mon père ont connu Hadj Bazooka, comment ils l'ont sauvé alors qu'il était aux mains des paras, comment Hadj Bazooka a pulvérisé à lui tout seul plus de deux cents soldats d'un seul coup, d'où son surnom de Bazooka…

Il était si convaincant que je l'aurais cru s'il ne m'avait pas dit lui-même qu'il ne se rappelait même pas de lui. Le film était beau. J'éprouvais de l'admiration pour oncle Messaoud, formidable producteur-réalisateur-scénariste. Tous l'ont écouté religieusement. J'ai même cru entendre quelques applaudissements vite étouffés. Ils ont dû se rappeler le mort, cet intrus.

5

Vers minuit, il ne restait plus aucun convive étranger. Que la famille. Pour la plupart des cousines et parentes parasites. Sous prétexte de rester pour consoler la famille du défunt en la soulageant également des tâches ménagères, elles s'incrustent, telles des punaises, pour profiter au maximum des victuailles en abondance. Entre deux larmes et deux consolations, elles s'empiffrent jusqu'à n'en plus pouvoir. Et quand elles partent enfin, elles prennent des provisions pour des jours, sinon des semaines. La plus connue des pleureuses est tante Aldjia, la mère d'Ahmed. Une experte. Dès qu'un décès est annoncé quelque part, elle débarque si bien que les malheureux membres de la famille éplorée subissent une double peine : celle de la perte d'un être cher et celle de la présence intéressée de tante Aldjia. Si le défunt ou la défunte est pauvre, elle reste le temps d'un déjeuner et d'un dîner. Mais s'il est riche et de surcroît milliardaire, comme les aime son fils, elle campe sur place. Et personne ne la délogera jusqu'à ce qu'elle fasse ses provisions grâce à sa progéniture qui vient lui rendre visite chaque jour pour repartir les couffins pleins. Justement, elle est chez nous avec ses cinq filles. Elle est spécialiste en pleurs de tout genre : aigus, graves, saccadés, en cascades. Toute la famille connaît les pratiques de tante Aldjia mais feint de ne rien remarquer.

Je suis monté au premier étage pour m'enquérir de l'état de ma pauvre sœur. Hier, elle était une véritable fontaine. Elle faisait peine à voir. On s'étonnait de voir tant d'eau sortir d'un corps si menu. Qu'elle ne fut alors ma surprise de trouver la fontaine tarie en train de servir une grande assiette de côtelettes à son mari dans le grand salon arabe transformé en palais des Mille et Une Nuits par Zineb un mois après avoir épousé mon père. D'où lui est venue cette idée saugrenue ? Sans doute d'un feuilleton. Toujours est-il que mon père a acheté tout ce qu'elle désirait alors qu'il refusait la moindre chose à ma mère. J'en ai le cœur serré.

Omar s'est précipité sur les côtelettes comme s'il avait peur qu'elles ne lui filent sous le nez. Sihem a dû lire l'étonnement sur mon visage.

– Tu sais, il ne mange jamais les repas préparés collectivement. Il a un problème de côlon et l'estomac fragile…, se justifia-elle.

J'allais lui répondre que j'étais encore plus malade que lui, mais la pauvre mine chiffonnée de ma sœur me dissuada. Je savais qu'elle ressemblait à ma mère, toujours prête à se plier aux exigences de sa famille. Omar dévorait son plat, tout tremblant de voracité. Sa façon gloutonne de manger, la bouche barbouillée de gras, me donna un haut-le-cœur. Il m'invita, du bout des lèvres, tête baissée, à partager son repas. Je refusai sous prétexte que j'étais rassasié. Il poussa un soupir que je devinais de satisfaction et enclencha :

– Quand tu iras voir Hadj Bazooka, intercède auprès de lui pour que je sois nommé au moins directeur dans ma boîte. Il est capable de tout faire ! Je n'aurais jamais pensé que Sidi el Hadj avait une telle connaissance... Il peut même me nommer PDG si tu lui touches un mot. Tu sais comment ça fonctionne dans les sociétés nationales...

Il chercha ma sœur du regard pour appuyer sa demande. Avant même que Sihem n'ouvre la bouche, oncle Messaoud arriva.

– Non seulement tu peux aider ton cousin, mais tu peux t'aider toi-même et Warda. Hadj Bazooka pourrait vous faire nommer proviseurs dans les meilleurs lycées d'Alger avec logement en plus. Ainsi, vous pourrez prêter le logement que vous occupez actuellement à ma benjamine Fatiha que je vais bientôt marier.

Décidément mon oncle pense à tout. Dès qu'il a vu Hadj Bazooka me présenter ses condoléances, il a dû flairer sa part de butin. Son fils aussi. Comme toute la famille avait les yeux fixés sur moi je répondis avec un brin d'ironie :

– Vous me voyez arriver chez une personnalité aussi importante et imposante que Hadj Bazooka que je ne connais pas et lui dire de but en blanc : « Cher Hadj, je voudrais que vous nommiez mon cousin Omar PDG dans sa société d'engrais et attribuiez à mon épouse et à moi-même les postes de proviseurs... Et n'oubliez surtout pas les logements qui vont avec. »

J'ai débité cette phrase avec un air condescendant, bouche pincée, celui que je prenais avec des élèves qui jouaient au malin avec moi, histoire de leur montrer qui est le maître. Apparemment personne ne prêta attention à mon petit numéro. Tout le monde attendait une suite. Mais quelle suite donner ? Oncle Messaoud se lissa les moustaches en voyant arriver Zineb, me toisa de son regard de chef de famille qui n'admet aucune réplique et me dit sur un ton autoritaire :

– Écoute, mon fils, la vie appartient aux débrouillards. Celui qui n'ose rien n'a rien. Après tout, tu ne vas pas lui demander de te donner de l'argent…

Il marqua un temps d'arrêt, jeta un regard circulaire sur tous les membres de la famille qui s'était grossie avec l'arrivée de cousines, tante Aldjia et Ahmed, et poursuivit :

– La famille a besoin de toi et tu ne peux pas te dérober…

Tante Aldjia qui n'avait pas suivi le débat mit son grain de sel :

– Oui, nous avons tous besoin de toi, maintenant que tu es devenu riche. Regarde ton cousin Ahmed, il n'a même pas une belle voiture comme tous les hommes dignes de ce nom… Si ce n'est pas toi le milliardaire de la famille qui la lui offres, qui le fera, hein mon fils ?

Ahmed ne dit rien. Il regardait du coin de l'œil la belle Hafsa, cette belle plante dont la main lui avait été refusée naguère. Mariée à un commerçant florissant, elle ignorait totalement la présence de son ex-soupirant, de condition modeste. Je n'ai encore rien touché de l'héritage que me voilà « milliardaire » devant urgemment offrir quelques centaines de millions à mes cousins. En cherchant une réponse – il faut dire que selon Warda j'ai l'esprit de l'escalier, je surprends oncle Messaoud dévorer du regard Zineb alors qu'il osait à peine lever les yeux sur elle du vivant de mon père. Au vu de sa vraie nature, ce ne serait pas une surprise s'il jetait son dévolu sur elle. Mais ce qui intéresse visiblement mon adorable belle-mère, c'est l'opulence, la richesse. Et oncle Messaoud n'a que ses belles bacchantes, son sourire enjôleur et ses histoires drôles. On ne s'ennuie pas avec lui. Une bonne compagnie quand on n'a rien à faire. Mais en aucun cas un homme sur lequel on peut compter. Zineb a saisi sa personnalité dès le premier jour où elle l'a vu. C'est une fine mouche. D'ailleurs, il est transparent à ses yeux.

Comme je n'avais rien à répondre, j'ai préféré sourire, de ce sourire qui fait dire à Warda que c'est une forme polie de « va te faire cuire un œuf ». En fait, je souris toujours quand je n'ai rien à dire. À cause de ce sourire, on me prend souvent pour plus malin que je ne suis, énigmatique pour les uns, cynique pour les autres. Warda me répète souvent que mon sourire compense ma timidité. « Sans ton sourire tu aurais été effacé… C'est ton sourire qui te donne du caractère. » Comprendre : un air pas du tout gentil. Elle accompagnait souvent cette phrase par ces mots qu'elle veut taquins : « Je pense que c'est ton sourire qui m'a attiré en premier. » Ma chère femme est franche et droite. Elle ne dit ce qu'elle pense de moi qu'à moi, ne permettant à personne la moindre allusion négative sur son mari.

Mon silence, loin de mettre fin aux sollicitations, fit naître de la méfiance.

– Maintenant que tu es riche, tu ne veux pas aider tes cousins…, murmura tante Aldjia, l'air d'une pauvre vieille femme quêtant un bout de pain pour ne pas mourir de faim.

Comme Ahmed est une redoutable langue de vipère, je ne voulais surtout pas qu'il me prenne en grippe.

Je répondis d'un air rassurant :

– T'en fais pas, tante, je toucherai un mot à Hadj Bazooka. On réglera le problème d'Ahmed.

Aldjia fronça les sourcils et minauda d'une voix caressante :

– Qui est ce Hadj Bazooka ? Que Dieu nous protège d'un homme avec un pareil nom ! C'est toi et toi seul qui peux nous aider…

Elle ponctua ses paroles d'une mine si apitoyée qu'elle aurait fait pleurer un cœur de pierre. Mais moi, je connais ses talents de comédienne et ses larmes sur commande.

D'expérience, j'ai appris qu'il ne faut jamais polémiquer avec les personnes guidées par leurs émotions, quels que soient les arguments, elles n'entendront pas raison. Je dis donc à ma tante que je ferai de mon mieux.

– C'est ce que nous disait toujours ton défunt père quand on le sollicitait, répliqua-t-elle. Mais il nous oubliait toujours.

« Je ferai de mon mieux. » Je ne me suis même pas rendu compte que j'ai utilisé la même expression que lui. Comment l'expliquer ? Je n'ai jamais voulu lui ressembler et me voilà lui empruntant ses mots. Il faut que je voie cela avec mon ami Ghani. Il va sans doute me parler d'un effet inconscient de mimétisme. Comme la plupart des psys fous de Freud, Ghani ramène tout à la figure du père, à Œdipe et à la sexualité.

Voyant tante Aldjia s'éloigner, je suis étonné qu'elle lâche prise aussi facilement. L'explication est en face de moi : tante Mhenia, unique sœur de ma mère, arrive. C'est elle qui a fait battre en retraite la quémandeuse. Elle est connue pour ne pas avoir sa langue dans sa poche. Fière de ses origines aristocratiques, elle ne prend de gants avec personne, estimant sans doute que sa naissance l'y autorise. Elle ne tire pas dans le tas et choisit toujours une cible qui l'a bien cherchée. Ne croyez surtout pas que c'est une mauvaise femme. Bien au contraire. Elle est d'une gentillesse confondante, à condition de ne pas être dans son viseur. Personne ne lui répond. D'abord parce qu'elle dit toujours tout haut ce que pensent les autres tout bas. Ensuite, à cause de sa tragédie. En six ans, elle a perdu coup sur coup trois de ses six enfants, tous victimes d'une déficience cardiaque congénitale héritée du père décédé il y a plus de vingt ans. On savait que les trois autres risquaient de prendre le même chemin. C'est pour cela qu'elle les couvait chez elle, vivant presque en autarcie. Peut-être s'estimait-elle plus forte que les lois de la génétique ? On la ménageait sans doute pour cette raison. Je pense que même celles qui la subissaient avaient pitié d'elle. Depuis la mort de ma mère, elle n'a pratiquement plus remis les pieds dans cette maison. Elle n'aimait pas mon père et le tenait pour premier responsable de la mort de ma mère. Elle ne l'appelait que par le sobriquet de « Fils de khammès ». Croyant échapper au sort de ma mère, elle s'est mariée avec un grand propriétaire terrien. Mais la révolution agraire nationalisera toutes ses terres, le poussant à travailler dans l'administration. Ni elle ni son époux n'ont pardonné à mon père de ne pas avoir perdu ses terres comme eux. C'est un vrai mystère qu'on ne l'ait pas dépossédé de ses palmeraies. Je n'ai jamais osé lui poser la question. Selon ma mère, il a bénéficié de la protection de Dieu. Je pense qu'il n'y a pas que l'intervention divine, mais la main de l'homme. Il a dû sans doute circonscrire le maire ou une autre personnalité politique ou administrative pour échapper au terrible rouleau compresseur des nationalisations. Le côté discriminatoire de classes me faisait moins aimer ma tante. Pour elle, un fils de fellah reste un fils de fellah, même s'il est agrégé en physique nucléaire. Et un fils de grande tente reste au-dessus des autres socialement même s'il vit dans le plus grand dénuement. Je l'aime beaucoup pour sa franchise, son absence de cupidité. Je l'aime surtout parce qu'elle me rappelle ma mère : de grands yeux noirs si profondément enfouis dans leurs orbites qu'il faut plonger dans son regard pour trouver son pétillant. Et quand on le trouve, on est étonné par sa jeunesse. Même quand elle est triste, son regard, tout comme celui de ma défunte mère, reste fier, amusé, un regard défiant les épreuves et les mâles. Tante Mhenia s'approche de moi, m'embrasse et s'excuse de ne pas être venue plus tôt.

– Tu sais que j'ai vieilli… Je ne me déplace que difficilement.

Elle laisse échapper une plainte et souffle :

– Depuis la mort de ta mère, je ne pouvais plus mettre les pieds ici. Il ne restait que ta sœur Sihem pour me rendre visite de temps en temps chez moi. Quant à ton père, j'ai entendu dire qu'il n'a jamais été aussi heureux depuis qu'il a épousé cette femme.

Ne pouvant lui donner raison, je changeai de sujet. Je m'enquis de la santé de ses enfants tous encore célibataires alors qu'ils ont dépassé la trentaine. Elle me rassura :

– Ils sont tous à la maison. Je leur donne ce qu'ils veulent ! Qu'ils vivent, c'est tout ce que je demande au bon Dieu.

En les gardant près d'elle, elle veut profiter au maximum de leur présence avant que la Faucheuse ne pointe du nez comme elle l'a fait pour ses autres enfants.

Puis me prenant par le bras et m'entraînant à l'écart du reste de la famille, elle m'avertit :

– Prends garde de donner un sou à Aldjia ou à son fils, et même à ton oncle, ce vieillard à tête d'adolescent qui se mettait à genoux devant ton père…

Je n'ai pu retenir un rire. Ma tante a toujours eu le sens de la formule. « Vieillard à tête d'adolescent », elle résume mon oncle mieux que je ne l'aurais fait dans un long portrait.

« L'instruction n'est rien. La connaissance est tout », comme disaient les anciens. Me voyant rire, Warda s'est rapprochée de nous.

– Nabil, tu es fou ? Tu ris alors que ton père vient de décéder ?

Je me repris en prenant une mine compassée.

À part ma femme, personne ne semble avoir remarqué mon rire. Comment le remarquerait-on dans cette ambiance de fête ou presque ? Elle nous demanda d'un air complice ce que nous complotions ensemble tout en plissant les lèvres dans une mimique malicieuse. Ma tante aime bien Warda. Une grande complicité les unit.

Elle lui répondit :

– J'étais juste en train de lui dire que Aldjia et le jeune Messaoud se ressemblent tellement qu'ils devraient se marier…

Warda bloqua sa respiration pour éviter de rire et se pencha sur ma tante pour l'embrasser. Celle-ci lui souffla à l'oreille assez fortement pour être entendue par moi : « Je pense qu'on s'est déjà embrassées tout à l'heure ma fille. »

Warda lui chuchota : « Quand on s'aime, on s'embrasse tout le temps. » Et elles s'embrassèrent à nouveau. J'ai admiré, une nouvelle fois, le sens de la répartie de mon épouse. Elle ressemble à… ma mère. Un jour, ma mère m'avait confié que même au Paradis, je n'étais pas sûr de trouver une houri comme Warda. Ce qui m'avait vraiment étonné. Mon épouse n'est pas un modèle de belle-fille. Elle n'est pas toujours aux petits soins avec ma mère comme le sont beaucoup de brus pour se faire agréer par la belle-mère et être aimées par le fils. Je comprends maintenant que ma mère a vu tout de suite en Warda la personne la mieux indiquée, après elle bien sûr, pour me prendre en charge comme il se doit. En somme, je suis passé d'une mère à une autre. On me l'aurait dit quand j'ai épousé Warda, j'aurais ri de bon cœur. Même Ghani, mon copain qui me surveille si bien depuis de longues années, n'a pas remarqué cette espèce de ressemblance entre mon épouse et ma mère.

Me voyant bâiller, ma tante nous gronda :

– Mes enfants, il est temps que vous partiez. Demain vous travaillez… Ne suivez surtout pas l'exemple des désœuvrées que nous sommes. Allez, rentrez chez vous…

Warda approuva et se tourna vers moi, l'air soudainement las.

– C'est vrai, je suis fatiguée. Je vais ramener mon sac et on part. Les deux femmes partirent ensemble en chuchotant. Elles ont toujours mille choses à se dire.

Je jetai un coup d'œil à ma montre, il était minuit passé. Ma tante a raison : c'est le moment de lever les voiles, d'autant que demain c'est le début de la semaine et j'ai cours à neuf heures.

6

Je pensais que je devais profiter un peu plus souvent de la compagnie de ma tante qui me rappelle ma chère mère, quand je fus surpris par la voix de mon oncle Messaoud :

– Je suis sûr que tu es en train de penser à toutes ces richesses dont tu vas hériter, n'est-ce pas ?

J'allais lui répondre qu'il devait savoir que je n'accorde aucune importance à l'argent quand je me suis souvenu de cette exclamation de mon père après une discussion qu'il avait eue avec un de ses vieux cousins, oncle Saïd : « Nabil, quand ta famille te parle d'argent, c'est pour t'en soutirer. » Je lui avais alors spontanément fait cette remarque : « Mais oncle Saïd est riche… » Mon père fronça les sourcils et me dit : « Il veut s'enrichir davantage avec mon argent. » Puis me regardant d'un air soucieux : « Mais qu'est-ce que j'ai bien pu dire pour que tu me parles de Saïd. » Je lui répétai son exclamation. Il s'étonna de l'avoir formulée à voix haute. Tante Aldjia qui avait assisté à la scène, car elle campait encore chez nous trois mois après le décès de ma mère, me murmura : « Le veuvage lui pèse. Il ne sait même pas ce qu'il dit. Il faut marier ton père, mon fils. » Elle l'a dit non par compassion pour mon père, mais parce que, tout comme les décès, les mariages lui permettent de s'incruster pour prendre ce qu'il y a à prendre.

Oncle Messaoud me poussa vers le balcon en me chuchotant : « Nous serons à l'aise pour parler de choses qui te concernent. » J'étais sûr qu'il allait me demander de lui prêter un peu d'argent et peut-être même de lui céder le fonds de commerce de dattes de la rue Belouizdad. La maison paternelle a une vue panoramique sur la baie d'Alger. L'une des plus belles au monde, dit-on. Ne connaissant aucune autre baie à part celle de ma ville, j'y souscris volontiers. Vue de cette hauteur, qu'Alger est belle ! On voit ses feux scintillants comme autant de diamants et de saphirs. On en oublierait presque la saleté repoussante de certains quartiers. Si tous les chats sont noirs la nuit, Alger n'est vraiment blanche que dans la pénombre. Quand on aime cette ville comme moi, on ne devrait la voir que la nuit, et de loin, pour ne pas être révolté par son état. Ville délaissée, ville abandonnée par ses habitants et les pouvoirs publics. Quand j'étais adolescent, le sommeil me fuyant, je passais des heures à rêver sur les lumières des bateaux en rade. Je me voyais partir au loin, m'éloigner de ce père ombrageux et de cette mère souffrante. J'imaginais ma mère en pleurs, seule, sans mon soutien et mon oreille, moi son confident. Alors, je rebroussais chemin avant même de partir. Je savais que je ne partirais jamais. Mais la vue des bateaux et des mouettes, le mugissement des uns, les cris des autres me donnaient l'illusion du départ. Et cette illusion me suffisait. Je me contentais de peu. J'avais beau lire le poème *L'Invitation au voyage* de Baudelaire, j'avais beau aimer Lamartine et ses poèmes romantiques, mes pieds restaient collés à la terre ferme même si ma tête faisait tous les voyages. J'étais un rêveur. Je présume que des millions d'Algériens sont comme moi. Ils rêvent leur vie à défaut de la vivre. C'est une manière de survivre. Toutes ces frustrations expliquent l'errance de milliers de poètes sur les routes algériennes. Des troubadours atteints par la folie des rimes qui se transforment au fil du temps en folie tout court.

Oncle Messaoud caressa longuement sa moustache en me regardant de biais comme s'il était gêné. Il se racla la gorge, toussota et me dit en évitant de me regarder :

– Dis-moi, Nabil, est-ce que tu es capable de supporter une vérité que j'ai le devoir, en tant qu'aîné de la famille, de te révéler ?

Je fus décontenancé par ces mots. Je m'attendais à ce qu'il me demande quelque chose, et voilà qu'il me prend à contrepied.

Il a dû voir mon trouble, car il ajouta avant même que je n'ouvre la bouche :

– Tu n'es pas obligé d'entendre ce que je vais te dire. Tu refuses, et je ne te dis rien.

Comme j'ai cru voir une lueur paternaliste dans ses yeux, je lui dis posément que je voulais bien entendre cette vérité. Il se frotta les mains, me regarda droit dans les yeux et dit sur un ton faussement désolé :

– Voilà, j'ai de la peine à te le dire. Mais tu n'es pas le fils de mon frère ni d'ailleurs celui de son épouse Oum El Kheir !

Je pensais qu'il plaisantait. Je ne pouvais pas le croire. M'annoncer trois jours après le décès de mon père que je ne suis ni son fils ni celui de ma mère, cela dépassait l'entendement. S'il y a une chose sacrée chez l'être humain, quelle que soit sa religion ou sa spiritualité, c'est la sacralisation des parents. On peut être un monstre et fondre devant ses géniteurs.

Je lui dis :

– Tu n'es pas sérieux…

Il hocha lentement la tête, comme si elle lui pesait, enlaça mes épaules d'un air vraiment triste et murmura d'une voix apitoyée :

– Si seulement je plaisantais… Ce secret, je le garde depuis plus de cinquante ans. Je ne pouvais pas te le dire du vivant de mon frère. Il aurait été capable de me tuer.

Il marqua un temps et poursuivit :

– Je vais te raconter comment tu es venu chez nous.

Il tritura de nouveau les moustaches me laissant le soin d'apprécier la sournoiserie de sa phrase qui m'excluait de la famille : *« Comment tu es venu chez nous. »* Du coup, il y avait eux et moi. Et paf ! D'un coup, d'un seul, il a coupé le cordon ombilical.

Il commença son discours :

– Un jour, alors qu'on habitait Laâqiba, à Belcourt, ta mère, plutôt celle que tu considères comme telle, a reçu la visite d'une Algérienne de la grande bourgeoisie conservatrice ; cette jeune femme lui a ramené dans un couffin son bébé de trois jours, né de ses amours coupables avec un Français, tu comprends, elle ne pouvait le garder de peur d'être décapitée par sa famille… À l'époque, on ne badinait pas avec l'honneur. El Hadj a accepté de t'adopter parce qu'il était marié depuis quatre ans sans avoir eu d'enfant et il pensait qu'il n'en aurait jamais. En plus, Hadja Oum El Kheir lui a dit que ta mère était morte en couches et ton père abattu par les soldats français, en quelque sorte tu es un fils de martyr. Cette histoire l'a ému d'autant que ma mère Fatna a mis son grain de sel en révélant qu'elle a vu en rêve un cavalier tout de vert vêtu offrir une épée à son fils Hadj Saci. Pour elle, l'épée, ça ne pouvait être que toi.

Cette histoire me paraissait fausse de bout en bout. Je voyais mal mon père gober toutes ces fadaises, surtout que ma mère représentait la droiture et la sincérité mêmes.

Je comprenais très bien où voulait en venir mon oncle : l'héritage. Me montrer que je ne méritais pas de prendre le magot à moi tout seul. Comme il a peu d'estime pour les cadres qui gagnent moyennement leur vie, il s'est sûrement dit que je devais être un nigaud facile à duper. Ce qui me laissait sans voix, c'était son audace : comment ose-t-il aller si loin dans le mensonge ? Comment ose-t-il profaner la mémoire de mes parents ? L'argent peut-il rendre dingue un oncle septuagénaire qui m'a toujours paru sympathique, serviable et même aimable comparé à mon père ? Cependant, je pris soin de cacher ma colère et ma déception sous le masque de mon sourire niais qui me faisait passer, quand j'étais gosse, pour une sorte de dadais. Je voulais qu'il aille au bout de sa fable. Je décidai de continuer à jouer le jeu.

– Donc, je ne suis pas le fils de mes parents. Je suis alors le fils de qui ? Pourrais-tu me parler de mes vrais parents ?

Il me répondit du tac au tac :

– Je t'ai dit que ta mère est une jeune fille d'une famille bourgeoise conservatrice… Selon ce qu'on m'a dit, elle n'a rencontré son amant qu'une ou deux fois en échappant à la surveillance de sa famille… Elle a eu un véritable coup de foudre pour lui…

Il étouffa un bâillement et poursuivit, cette fois-ci sur le ton de la confidence, comme s'il avait peur que des oreilles indiscrètes ne l'entendent :

– Je vais t'étonner : ton vrai père était un journaliste célèbre à Alger… Il écrivait même des livres…

Comme je n'ai pas réagi, il s'attendait peut-être à ce que je saute de bonheur au plafond, il ajouta enthousiaste :

– Tu te rends compte, c'était un écrivain ! Tu as un père écrivain !

Dans la famille, tout le monde sait que je suis fou de livres et d'écriture au point d'avoir refusé de succéder à mon père dans les affaires. Je réagis à cette nouvelle pour pousser mon oncle jusqu'au bout de son mensonge :

– Écrivain ? Quel écrivain ? Tu le connais ?

Il gloussa de satisfaction et murmura :

– Celui qui habitait pas très loin de la maison de tes parents… Tout le monde le connaît à Belcourt, c'était un ancien gardien de but du Racing. J'ai son nom sur le bout des lèvres… Comment s'appelle-t-il ?

Je répondis :

– Albert Camus. Tu veux dire qu'Albert Camus est mon père ?

Là je ne pus me retenir de rire tellement le poisson me paraissait gros. En me voyant hilare, mon oncle prit la mouche.

– Pourquoi tu ris, hein, pourquoi tu ris ? Tu ne me crois pas, hein… Tu crois que je mens ?

Je fus surpris par cette colère subite. Comédie ? Je ne crois pas. Il était vraiment hors de lui.

Il hurla :

– Mais regarde-toi… Regarde-toi avec tes yeux verts alors que tous les membres de la famille ont des yeux sombres… Tu ne t'es jamais posé la question d'où te venaient ces yeux, hein ? On t'a toujours dit que tu as les yeux de mon père, n'est-ce pas ? Et qui t'a dit ça ? Hadja Oum El Kheir, ta mère, qui n'a jamais vu mon père pour la simple raison qu'il est mort dix ans avant son mariage. Je vais te dire…

La phrase resta inachevée puisque Warda surgit à ce moment.

– Je te cherche depuis tout à l'heure, me dit-elle, les yeux rivés sur la baie, fascinée qu'elle est, à chaque fois, par ce paysage.

Je pris froidement congé de mon oncle. Il fut encore plus froid en ne me rendant même pas mon salut.

7

Durant tout le trajet de Hydra à Kouba, je ne dis mot. Warda non plus : elle s'était assoupie. Je pensais aux propos de mon oncle. Si au début son histoire me paraissait inventée de toutes pièces, ce qu'il m'a dit sur la couleur de mes yeux m'avait troublé. Juste un doute qui s'est insinué comme une morsure de serpent qu'on croit inoffensif et qui se révèle venimeux. Et le venin commençait à faire son effet. Je commençais à me demander si mon grand-père avait les yeux verts. Je ne mets pas en doute ce que m'avait raconté ma mère. Je me dis qu'on lui a peut-être menti. Mais à quelles fins lui aurait-on menti ?

Arrivés à la maison, j'ouvre la porte avec mille précautions pour ne pas la faire grincer et réveiller ainsi les enfants. Nous pénétrons à pas de loup. Surprise : Sophia est devant son lap-top et Tarek joue avec son X-Box. Warda faillit s'arracher les cheveux. Comme d'habitude, elle les sermonna. Sophia lui répondit qu'elle avait mis en vente aux enchères ses yeux et qu'on lui avait proposé cent millions par organe visuel. Choquée, sa maman ne put placer un mot. Devant la sortie imprévisible de notre fille, je n'ai pu m'empêcher de rire aux éclats. Ce qui irrita au plus haut point mon épouse qui me reprocha mon manque d'autorité. Pour éviter d'envenimer la situation, j'envoyai sans grande conviction les enfants au lit.

– Dans quel état vous serez demain ? Vous allez avoir des mines affreuses !

Sophia, qui s'était rapprochée de moi pour me faire la bise, me murmura à l'oreille : « Telle mère, telle fille ! » Je pouffai de rire sous l'œil sévère de Warda.

– Pourquoi tu ris ? Tu veux que je te dise, si tu continues à être aussi complice avec tes enfants, nous n'aurons plus aucune autorité sur eux !

Tarek bondit.

– D'abord, nous ne sommes plus des enfants et puis basta l'autorité ! Vous êtes nos parents et non des flics !

Tout en s'insurgeant, il prit sa mère dans ses bras quémandant un câlin, ce qui eut pour effet d'amadouer sa maman. Je suis un papa cool et Warda une mère assez sévère. Elle est partisane d'une discipline de fer : révision de leurs cours dès leur arrivée à la maison, interdiction d'accès à Internet et à la télé durant l'année scolaire, sauf avec notre permission, extinction des feux à 22 heures sonnantes. Le refus des enfants de se soumettre à ce régime est source de frictions. Warda a tout fait pour me convertir à cette organisation, me reprochant d'être gentil, trop permissif et que cette façon de faire conduira Sophia et Tarek à l'échec. Je lui ai expliqué que la pression qu'elle exerce sur eux pouvait, par esprit de contradiction, pousser les enfants à faire des bêtises. Heureusement, Sophia est une très bonne élève en classe de langues. Elle passe, à dix-sept ans, son bac cette année. Quant à Tarek, à vingt-trois ans, il est en dernière classe de biologie. On ne peut donc que se réjouir de leur réussite. Warda est fière d'eux. Mais elle pense que si elle les laisse faire, ils ne feront plus rien. C'est une mère poule qui croit que la meilleure façon de couver ses œufs est de les maintenir sous son aile, même adultes. Elle les aime si fort qu'elle les infantilise. Ce qui a le don d'exaspérer les enfants. L'esprit rebelle, facétieux et parfois impertinent de Sophia ? « C'est toi craché ! » me répète à chaque crise mon épouse. Comme si c'était vrai. Moi rebelle et impertinent ? « J'ai aussi ses yeux, son nez et sa bouche… Enfin, ce que j'ai de meilleur en moi », me défend ma fille qui a des oreilles à capter le moindre bruit – elle ne rate rien de nos discussions –, tout en faisant allusion aux parties de son visage qu'elle aime le moins, les pommettes un peu asiatiques et le front étroit, hérités de sa mère. Là, comme toujours, je prends la défense de Warda en répondant que ce sont ces traits qui me l'ont fait aimer. La répartie impertinente fuse toujours et fait mouche là où il faut : « Tu aurais dû alors épouser une vraie Asiatique et pas une moitié. » Et c'est le point de départ d'un accrochage mère-fille qui se termine par les admonestations de l'une et la bouderie de l'autre. Elles s'entendent comme chien et chat mes deux femmes. Tarek, c'est l'artiste de la famille. Doué pour la peinture, surtout les natures mortes et le portrait. Après son bac, il a choisi de faire biologie. Pourquoi ? Mystère. Où ces études vont-elles le mener ? Mystère encore. Sa mère et moi-même avons eu beau lui expliquer que la licence de biologie en Algérie ne mène qu'au chômage, il n'en a fait qu'à sa tête. Son côté artiste sans doute. L'une de ses bizarreries, c'est qu'il n'a jamais voulu faire nos portraits. Ni celui de Warda, ni le mien, ni celui de Sophia. Pourquoi ? Mystère aussi. L'explication de Tarek est à s'arracher les cheveux : « Je ne peux pas faire votre portrait parce que je vous connais trop, je n'ai pas assez de distance avec vous. » Et sa mère de lui répondre : « Tu dis n'importe quoi : c'est quand tu aimes une personne que tu es inspiré par tes sentiments. » Et Sophia d'intervenir comme toujours pour contrer sa maman : « Il n'a pas dit qu'il nous aimait mais qu'il nous connaissait trop ! » Ces explications, avec toujours le grain de sel de Sophia, sont récurrentes à chaque refus de Tarek de faire le portrait de sa mère. Pourtant, et c'est quand même exaspérant, il a peint mon père sans qu'il le lui demande. Il l'a même rajeuni en donnant de la chair à son visage émacié. Mon père fut ravi et Zineb encore plus. Il a fait de même avec oncle Messaoud en lui liftant le visage, si bien qu'il semblait avoir mon âge. Et, suprême vexation pour sa mère, une voisine, véritable mégère, a été peinte avec plus de noblesse qu'elle n'en avait. « Si au moins elle était jolie ! » s'était plaint Warda, aussi irritée que meurtrie par la conduite de son fils. Aurait-il été un mauvais fils, on comprendrait, mais il est la gentillesse et la tendresse incarnées. Warda ne comprend rien à sa conduite. Je pense que c'est une manière d'affirmer son indépendance que de refuser de faire nos portraits. « Je refuse, donc je suis. » L'explication est un peu courte, mais je n'en ai pas d'autres. Warda veut tout connaître des enfants. Elle sait que c'est impossible, on ne connaît jamais une personne, fut-elle de sa chair et de son sang. Après quelques protestations, les enfants ont pris la direction de leur chambre commune en maugréant. Faute de moyens pour acheter un appartement plus grand, mes enfants subissent non sans heurt la promiscuité. Quand l'un révise, l'autre a envie de dormir, et vice-versa. D'où de fréquents accrochages entre l'artiste et sa sœur. Maintenant que mon père n'est plus, peut-être que je ne serai plus un enfant de riche, mais un riche tout court. Quand je pense à ces choses-là, j'ai l'impression d'être un rapace comme oncle Messaoud qui vient de me sortir cette histoire à dormir debout.

À l'heure du coucher, nous avons un rituel avec mon épouse : nous parfumer. Par coquetterie et par amour l'un pour l'autre. C'est une décision prise juste après notre nuit de noces. On a réalisé, avec étonnement, qu'on se parfumait alors qu'on allait se séparer pour aller travailler. Résolution fut prise de le faire juste avant de se coucher. Ainsi, chacun profite du parfum de l'autre avant les collègues et les quidams. Warda me lance souvent cette phrase : « C'est toi qui parfumes le parfum ! » Elle avait mis au point cette belle formule à l'aurore de notre mariage. Elle me la ressort quand elle est de bonne humeur. Ce soir, rien. Se retrouver seuls dans notre chambre est pour nous le meilleur moment de la soirée. On passe en revue les faits de la journée tout en nous adonnant à un badinage qui prépare une entrée en douceur dans le sommeil. Dès que nous sommes sous les draps, Warda m'interpelle avec ironie :

– Au fait, pourquoi es-tu parti contempler le clair de la lune avec ton oncle ?

Je ris, juste pour lui montrer que j'ai apprécié son humour évitant ainsi d'être traité de lourdaud.

– Figure-toi qu'il m'a entraîné au balcon pour m'annoncer, sourire aux lèvres, que je suis un enfant adopté ! Rien de moins !

Warda changea de mine, narines dilatées et lèvres pincées

dans une moue de dédain. Elle ouvrit la bouche, la ferma, la rouvrit.

– Comment a-t-il osé te dire ça ? Il faut qu'il soit devenu fou pour inventer pareille ânerie…

Son visage devint livide, comme si la colère avait cédé le pas à l'appréhension. J'ai été étonné par ce changement. La réaction de ma femme m'a refroidi.

– J'ai l'impression que tu as été choquée par les propos de ce vieux fou. Tu ne le prends pas au sérieux, par hasard ?

– J'ai peur que ces ragots soient colportés. Je sais bien que ce ne sont que des fadaises, mais je n'aimerais pas qu'elles alimentent les soirées de ta famille. Il y aurait toujours une oreille mal intentionnée pour donner du crédit à l'histoire de ton oncle… Tu imagines le scandale ?

Je m'attendais à ce qu'elle traite avec mépris les divagations d'oncle Messaoud, voilà qu'elle en est troublée. Non par la calomnie, mais par crainte de sa propagation. Je dois convenir que je n'ai pas du tout abordé ce sujet sous cet angle. En femme pragmatique sachant que ma famille se nourrit de rumeurs et de ragots, elle a tout de suite senti le danger. Elle ajouta d'ailleurs :

– À peine ton père mort, voilà que les problèmes surgissent…

Il faut mettre fin à ces racontars avant qu'il ne soit trop tard.

– Ne t'en fais pas, tant qu'il n'a pas terminé son histoire, il ne dira rien…

– Terminer son histoire ? Que veux-tu dire ? demanda-t-elle tout en levant un sourcil interrogateur.

Je lui tirai le nez, ce qui la fait toujours rire, mais cette fois-ci elle le retira en plissant les yeux d'irritation, ce qui la rendit plus asiatique, tout en lâchant :

– Arrête ! Ce n'est vraiment pas le moment de plaisanter.

Je battis en retraite pour ne pas exacerber son inquiétude.

– Je veux dire qu'il n'a pas dévoilé ses intentions… Il ne m'a encore rien demandé. Tu penses bien qu'il a fait cela pour l'héritage…

Rassurée sans doute par mes propos, Warda enchaîna :

– Comme il n'a que mépris pour les personnes vivant modestement du fruit de leurs diplômes, il pense te duper pour te pousser non pas à renoncer à l'héritage puisque, quoi qu'il dise, tu portes le nom de ton père et tu en es l'héritier légal, mais pour te pousser à négocier…

– Mais comment peut-il penser un seul instant que j'allais croire à son histoire ?

– L'appât du gain l'a sans doute rendu fou… En plus, l'image que tu renvoies à la famille, celle d'un enseignant qui a d'autres centres d'intérêts que le leur. Du matin au soir, ils ne pensent qu'à l'argent et ne parlent que de ça… Tout ton contraire.

– Tu as raison, mais il sait que la justice est de mon côté même si ce qu'il dit est vrai. Il ne peut rien contre moi.

– Justement, toute l'astuce est là. Connaissant ton bon cœur et ton désintérêt pour l'argent, il veut te pousser à faire un geste pour lui, le seul héritier mâle naturel de ton père. Tu es le légal et lui le vrai… ça mérite bien quelques compensations. De plus, le fait que ta sœur soit mariée à son fils, le neveu de ton père, et voilà le gâteau divisé en quatre parts au lieu, comme le veut le droit islamique, trois quarts pour toi et le reste pour ta soeur et Zineb.

Warda a débité ce raisonnement d'une traite. J'ai admiré une nouvelle fois sa logique et son intuition. Elle m'ouvre, à chaque fois, des pistes que je n'aurais jamais soupçonnées. C'est mon meilleur conseiller. L'apparente sagesse que beaucoup de personnes me prêtent provient de ses précieux conseils. Avec elle, j'ai toujours l'antithèse sortant des sentiers battus. Elle n'en est pas peu fière. « Dans ta tête tu as deux cervelles : la tienne et la mienne », me taquine-t-elle souvent. Ghani pense que cette façon de lui demander son avis sur n'importe quoi est à l'origine des tendances hégémoniques de ma femme sur les enfants et sur moi. Je ne suis pas d'accord. Et quand bien même ce serait vrai, à la limite il vaut mieux avoir raison grâce à elle que tort sans elle. Je ne cherche jamais à avoir raison, mais si je peux éviter les pièges de la vie, à tout le moins les réduire, pourquoi pas ? Je suis toujours du côté de la raison, du côté de mon épouse.

– Allô ? Allô ? Où étais-tu ? me demanda Warda en me tirant de mes pensées.

– Je pensais à ce qu'on disait…

– Au fait, tu ne m'as pas révélé l'identité de ton prétendu père…

– … Albert Camus ! Le grand Albert Camus ! Tu as devant toi le fils de Camus !

Elle éclata de rire.

– Ris moins fort, nom de Dieu !

Un sentiment de honte d'avoir été pris pour ce que je ne suis pas m'envahit. Je fis mine d'être offusqué.

– Elle est marrante son histoire, hein, il faut qu'il me prenne vraiment pour un crétin à tête d'épingle pour qu'il me donne Camus pour père. D'avance, personne ne le croira… Quel abruti !

– Je pense voir clair dans son jeu, me rétorqua mon épouse subitement sérieuse. Plus le mensonge est gros, mieux il convaincra. Il t'aurait dit être le fils d'un homme commun, tu l'aurais envoyé promener, mais être le fils de Camus, c'est presque une promotion. Il pourrait même s'attendre à des remerciements. Il est sûr que tu ne réagirais pas mal, car il sait que le prof que tu es adore les livres et les écrivains. Au pire, tu ne le croiras pas. Au mieux, il prendra une part du gâteau.

La démonstration était limpide. J'allais abonder dans son sens quand elle reprit le fil de ses idées :

– Il est sûr que tu ne lui en voudras pas. Pardi ! Il te donne Camus pour géniteur, n'est-ce pas le fantasme de tout amoureux de livres dont le père est analphabète ? Crois-moi, ton oncle est diabolique.

– Je pense que tu as raison. Il a bien calculé son coup. Il m'a avancé la couleur de mes yeux comme preuve irréfutable que je ne suis pas le fils de mon père…

– Tu as les yeux verts, et après ?

– Il pense que mes yeux sont hérités de mon père naturel, c'est-à-dire de Camus… et non de grand-père qui avait, selon oncle Messaoud, des yeux sombres…

– Cela ne veut rien dire… Tu connais les lois de la génétique. Si ton grand-père n'a pas les yeux verts, où est le problème ? C'est sans doute l'un de tes aïeux qui les avait. Puis me fixant bien dans les yeux : On dirait que ce détail te pose problème.

– Non, ce qui m'a un peu choqué, c'est le ton haineux qu'il a pris pour me parler de ma mère et de mes yeux différents de ceux de la famille. On aurait dit qu'il m'en voulait vraiment… Comment dire ? Notre discussion prenait un tour sérieux, elle risquait même de s'envenimer…

– Et pourquoi s'est-il énervé ?

– Parce que je lui ai ri au nez quand il m'a dit que mon père était Camus… Je l'ai écouté tout au long de ses confidences sur mon adoption, mais quand il m'a parlé de l'écrivain, c'était trop fort ! Tu te rappelles ce que disait mon père sur l'argent ? Il le qualifiait de saleté de la terre. Et pourtant, il était capable de tuer pour garder cette saleté… Oncle Messaoud est comme lui.

Warda ne fit aucun commentaire. Elle prit de la table de chevet à côté d'elle un miroir. Elle se regarda longuement scrutant sa chevelure, puis commença à arracher minutieusement ses cheveux blancs. Comme elle voyait ma mine éberluée, elle me murmura, la voix soudainement éteinte, non sans tendresse :

– Allez fais-moi un bijou et arrache-toi de la tête ton oncle comme moi-même j'ai arraché les cheveux blancs qui me vieillissent… Dans tous les cas, il faut que tu aies une explication avec lui pour mettre fin à ses rêves de grandeur.

Elle posa sa tête sur l'oreiller et ajouta :

– Je ne sais plus qui a dit qu'on devient adulte à la mort de ses parents… Te voilà adulte et fils de Camus… Quand ma femme est fatiguée, elle dit parfois n'importe quoi ; je pense que c'est le cas.

Quant à lui répondre, il est déjà trop tard, sa respiration régulière m'indique qu'elle est dans les bras de Morphée.

8

Je n'avais pas envie de dormir. Même si j'ai pris les propos d'oncle Messaoud à la légère, je commençais à sentir leur poids. Je n'aime pas les conflits, je n'aime pas les problèmes… Si je pouvais faire plaisir à tout le monde, je le ferais volontiers. Pour me calmer, j'ai pris mon meilleur ami de chevet : *L'Homme de cour* de Gracian Balthasar. À chaque fois que je doute ou que je stresse, il me rassure. Je me fortifie avec les pensées qui soutiennent comme l'écrit justement Montherlant, l'un de mes auteurs préférés. Je pense que beaucoup de timides sont dans mon cas. Certains prennent des médicaments. Moi, je prends des phrases par petites doses.

Cette fois-ci, impossible de me concentrer sur les lignes du moraliste espagnol. La voix d'oncle Messaoud est la plus forte. Je me décide à tirer cette affaire au clair. Pour confondre mon oncle, il faut que je fasse mon enquête. Je vais d'abord essayer de savoir si Camus a vraiment connu une Algérienne. Il est mort en 1960, c'est-à-dire il y a environ une quarantaine d'années, la femme qu'il a connue et que mon oncle me prête pour mère devait avoir à peu près vingt ans quand elle m'a enfanté. J'en ai cinquante. Elle doit donc avoir environ soixante-dix ans. Comme je suis né au début de 1950, elle a dû connaître Camus en 1949. Par où vais-je commencer mes recherches ? Par Belcourt, le lieu de résidence de Camus jeune ? Oui, mais cette femme algérienne que lui prête pour maîtresse oncle Messaoud appartient à la bourgeoisie. Et cette classe habitait à l'époque la rue Michelet, la rue d'Isly ainsi que les hauteurs. C'est donc là que je dois essayer de retrouver sa trace. Comme c'étaient des quartiers essentiellement européens occupés à l'indépendance par des Algériens, la tâche semble impossible. Je commence à penser aux magasins que je connais le mieux, ceux de la rue Didouche-Mourad, ex-Michelet, que je fréquente depuis que je suis jeune. Soudain, un visage surgit naturellement devant mes yeux : Boualem, le libraire de la Passion du livre. C'est le plus ancien bouquiniste que je connaisse. Je l'ai découvert à l'âge de quinze ans. J'achetais chez lui de vieilles bandes dessinées. Depuis, je passe de temps en temps à la recherche de quelques pépites des temps anciens. S'il est un libraire qui a dû connaître Camus, c'est lui, peut-être même connaît-il cette femme.

J'éteins la veilleuse et je commence à penser à Camus. C'est quand même drôle que mon oncle me le prête pour père. Pourquoi avoir choisi Camus ? Sans doute parce que c'est le seul écrivain qu'il connaît de nom à la suite de l'événement créé dans le quartier par son prix Nobel. À l'époque, les télévisions, les radios et la presse écrite ont interviewé beaucoup d'habitants de la rue de Lyon. Je me souviens de balcons pleins de monde et même de la fanfare, alors que je jouais dans la rue avec mes copains. On nous disait que c'était en l'honneur d'un Français qui habitait la rue de Lyon, à quelques centaines de mètres de chez nous. Même si mon oncle habitait à La Casbah, il venait souvent nous rendre visite à Laâqiba. Il avait la vingtaine, lisait et comprenait le français. Il a dû apprendre qu'un écrivain du quartier avait été consacré. Quant à moi, ce n'est qu'au collège que j'appris que ce célèbre voisin était l'écrivain nommé Camus, Albert Camus. Cet écrivain ne m'a vraiment intéressé qu'en classe de terminale. C'est là que j'ai appris la fameuse phrase où il disait que s'il avait à choisir entre sa mère et la justice, il choisirait sa mère. Je lui donnais raison en pensant à sa pauvre et vieille mère, si minuscule devant la justice. Spontanément, mon cœur penchait vers Camus, parce que, moi aussi, je préférais ma mère à tout. Arrivé à la fac, sous l'influence de mes camarades, je portais un autre regard sur l'enfant de mon quartier. On me fit découvrir Sartre, militant de l'indépendance, Sartre devint mon héros. Et Camus fut enterré. Camus était coupable, et coupable était celui qui le choisissait. Je lui gardais, malgré tout, un peu d'affection, celle qu'on éprouve pour un fils du quartier qui a mal tourné. Je dois dire que je le condamnais sans le lire. Quand on est jeune, on juge sans entendre et on condamne sans comprendre. Quand on est jeune, on est péremptoire au-dessus du doute. Au-dessous de la vérité.

Devenu professeur de français, j'ai lu ses romans les plus connus, entre autres *L'Étranger*, *La Peste*, *La Chute*, mais aussi ses essais et ses récits : *Noces*, *Le Mythe de Sisyphe*, *L'Homme révolté*. J'ai apprécié son sens de la formule, son style simple, dépouillé. Sans me convertir à sa philosophie de l'absurde, j'ai surtout aimé les pages lyriques sur Tipasa et le sens du bonheur méditerranéen qui se dégage de ses pages : la joie dionysiaque, l'exhortation à vivre l'instant présent, l'amour de la nature… *« La vie ne vaut rien, mais rien ne la vaut. »* C'est ce que j'ai retenu du message camusien. Je ne voulais pas aller plus loin. L'homme m'intéressait bien plus que son œuvre. Il n'était ni tout à fait Algérie française ni Algérie algérienne. La meilleure façon pour lui d'être vomi par les deux camps.

Le doux ronflement de mon épouse m'indique qu'elle est en vie. Sans bruit, je m'inquiète et je me surprends à guetter sa respiration même au milieu de la nuit. Elle est ma famille et mon port d'attache. Mon esprit revient à Camus. Se pourrait-il qu'il y ait une chance pour que je sois son fils ? Je trouve l'idée séduisante. Un vieux fantasme de jeunesse resurgit : que ma mère m'annonce que mon vrai père est soit un saint, soit un savant ou à la limite un ex-grand footballeur. Mais pas ce commerçant au visage fermé qui ne communique avec personne. Et voilà que mon cher oncle m'offre le père auquel je n'ai jamais osé rêver : Camus. Se pourrait-il que je lui ressemble un peu ? Je veux en avoir le cœur net tout de suite. Je me lève doucement pour ne pas faire grincer les ressorts du vieux matelas et ne pas réveiller Warda. Je vais à pas de loup à la salle de bains, éclairée par l'applique du couloir qu'on laisse toujours allumée, car Sophia, grande amatrice de films d'épouvante, a une peur bleue du noir. Je me regarde dans la glace. Je ne me trouve aucune ressemblance avec Camus, à part peut-être la coupe de cheveux. J'ai le visage plein, les traits réguliers alors que le sien était convexe avec, me semble-t-il, quelque chose d'eurasien. J'allais regagner ma chambre quand mes yeux tombent sur une multitude de cheveux blonds éparpillés sous la glace. Mon cœur se serre. Ce sont les cheveux de ma fille. Depuis déjà un moment, Sophia passe son temps à s'arracher les cheveux. Sa mère a beau lui interdire cette manie, rien n'y fait. J'en ai parlé à mon ami Ghani. Il m'a dit que c'est une trichotillomanie. J'ai donné ma langue au chat. Il m'expliqua que c'est un trouble obsessionnel compulsif qui peut procurer du plaisir. Il pense qu'il est dû à la pression qu'exerce Warda sur les enfants. « Sophia est tellement stressée par ta chère épouse qu'elle s'arrache les cheveux. » J'en ai parlé à Warda en prenant soin d'éviter de lui dire que je tiens le diagnostic de Ghani qu'elle n'apprécie pas. Elle pense qu'il peut avoir une influence négative sur moi. J'ai donc fait un long détour en lui expliquant qu'un collègue a emmené chez un psy sa fille ayant la même manie que Sophia. Le praticien a diagnostiqué un trouble du comportement dû au stress exercé par les parents. Elle m'a répondu ironiquement :

« Nous, on la stresse ? Toi, tu es inexistant, et moi je n'existe pas à ses yeux. C'est plutôt elle qui me stresse ! Balivernes, tout ça ! »

Si mon épouse a pris à la légère le toc de Sophia, c'est parce qu'elle pense que sa fille s'arrache les cheveux par bravade, une manière de la faire enrager. Après plusieurs débats où j'ai dû sortir toute une rhétorique pour la convaincre, Warda a fini par accepter que j'emmène notre fille chez un psy. Le problème de la mère réglé, se pose celui de Sophia qui refuse de se rendre à la consultation. Et ma femme de répliquer : « Tu vois, elle n'en fait qu'à sa tête ! Au point de s'arracher les cheveux et de les manger parfois. »

À défaut de psy, nous avons pris la décision d'ignorer son obsession en espérant qu'elle s'arrêtera, voyant qu'elle n'est plus harcelée par sa mère. Toujours est-il que chaque cheveu découvert me rappelle qu'elle est sûrement malheureuse.

Je rejoins ma chambre, honteux d'avoir rêvé que Camus pourrait être mon père, alors que la réalité est là sous mes yeux : ma petite fille a besoin d'un père fort et non d'un homme avec des rêves puérils. Avant d'arriver au lit, je trébuche sur un sachet posé par terre, au pied de l'armoire. J'évite de justesse la chute. Mon appartement est si exigu qu'on n'a presque plus de place pour marcher ou s'asseoir. Au salon, il y avait face à la télévision cinq canapés. Il n'en reste que deux de libres, tous les autres sont envahis par un bric-à-brac terrible. Faute de place ailleurs, mon épouse empile ce qu'on achète sur les canapés. On y trouve aussi bien des livres, des vases, du linge et des vêtements. Et même des médicaments.

Comme le sommeil tarde à venir, je chasse l'obsédant Camus et me tourne vers mon programme du lendemain, plutôt de ce matin. Je donne un cours à 9 h à la classe terminale. Je pourrais ensuite faire un saut chez Boualem le bouquiniste, et même déjeuner avec Ghani s'il est libre. En pensant au déjeuner, l'image de Sarah vient danser sous mes yeux : c'est ce soir que je suis convié à dîner avec elle et son fiancé au restaurant Le Targui. Je n'ai vraiment pas compris pourquoi elle m'a invité. On se connaît à peine. Elle fait ses armes dans l'enseignement, c'est sa première année en tant qu'enseignante d'anglais alors que je fais partie des vétérans. C'est vrai qu'on discute de temps en temps de littérature entre les cours, mais sans plus. C'est une solitaire dont la compagnie est recherchée à cause de son physique. Elle est blonde aux yeux bleus et à la taille élancée. Tous les mâles du lycée en sont fous, profs comme élèves. Elle passe pour battre les records de présence de ses élèves : aucun absent dans ses classes depuis le début de l'année. Je n'ai jamais pensé à elle autrement que comme collègue. J'aime ma femme. Et cet amour expurge toute envie d'en posséder une autre ou même d'essayer de plaire ou de séduire. Pourquoi m'a-t-elle invité ? Sans doute pour me présenter son fiancé, amoureux fou de littérature qui voudrait connaître, selon elle, un homme de grande culture différent des autres. Je n'ai pas voulu lui dire en quoi je suis différent pour ne pas engager la discussion sur un territoire que je ne pourrai pas maîtriser. Sarah doit avoir vingt-cinq ans environ, la moitié de mon âge. On la prendrait volontiers pour ma fille. Il faut que j'informe Warda du dîner. Je lui dirai que c'est Ghani qui m'invite. Elle connaîtrait la vérité, elle ne comprendrait pas pourquoi je suis invité sans elle. Je ne saurais quoi dire. C'est vrai, pourquoi ne m'ont-ils pas invité en couple ? Il a fallu que je me mette à la place de Warda pour que je remarque cette anomalie. Je crois vraiment que j'ai un côté naïf, comme le répète mon épouse, justifiant du coup son dirigisme avec moi. « Je ne serais pas là pour te conseiller et te prévenir, tu serais mangé tout cru par notre société de loups. » Sur ce, je plonge tout doucement dans le sommeil.

9

Le matin, la famille se disperse. Nos routes se séparent. Et je ressens toujours un pincement au cœur. La peur que l'un d'eux manque à l'appel du soir me tourmente chaque jour. Même si je suis positif et d'un naturel plutôt optimiste, je me dis qu'on n'est pas à l'abri d'un accident ou d'un mauvais coup de la vie. Je dois tenir de ma mère cette inquiétude permanente. Je crois qu'avant même de naître, alors que je n'étais qu'un fœtus, ma mère m'a transmis ses angoisses. Pour elle, le pire est toujours certain. Je pense que l'origine de cette inquiétude provient du malheur qui a frappé sa famille : elle a perdu son père et ses quatre frères dans un accident de voiture. Il ne restait comme rescapées que sa mère, sa sœur et elle-même. Elle a vu les souffrances de sa mère, inconsolable par la perte de ses enfants déjà adultes. À cause de ce drame, sa mère devint à moitié folle. Elle se réveillait en pleine nuit pour appeler ses enfants. Ma mère la calmait en lui disant qu'ils étaient en voyage et qu'ils seraient de retour le lendemain. Quelques mois plus tard, ma grand-mère est partie le sourire aux lèvres, serrant dans ses bras une photo de son mari avec ses enfants. Faute de sourire sans eux, elle les a rejoints en souriant. Ma mère me portait alors dans son ventre. J'ai dû subir tous les chocs. J'ai sûrement été marqué du sceau de l'inquiétude avant même de naître. Ma mère aussi est morte en souriant. Elle est morte avant nous. Elle a échappé au mauvais sort qui a touché sa mère. Pour toutes ces raisons, on se fait la bise avant de se quitter. La seule à rechigner, c'est Sophia. Elle n'aime pas les effusions et les démonstrations de tendresse.

Warda enseigne au lycée Rachid-Mimouni, situé juste à une centaine de mètres de notre cité, alors que je dois prendre la voiture jusqu'à El Biar où se trouve le mien. Quant aux enfants, Sophia est dans le même lycée que sa mère. Et elle n'aime vraiment pas. Elle a l'impression d'être toujours à la maison. Elle voudrait changer pour mon lycée, pensant qu'elle serait plus libre. Naturellement, sa mère a refusé, arguant qu'elle a peur des mauvaises fréquentations qu'elle pourrait avoir loin de ses yeux. Tarek, lui, étudie à El Harrach. Mais comme il adore les transports en commun, il est heureux de se frotter chaque jour à certains spécimens de la société algérienne. De cette promiscuité, il fait une source d'anecdotes sans fin dont il nous régale à chaque repas. La dernière est celle de trois tortues crétines bloquées à une frontière terrestre faute d'avoir ramené leurs passeports avec elles. L'une d'elles se propose de retourner à Alger pour ramener les précieux documents, en leur demandant d'attendre son retour dans une vingtaine d'années pour consommer ensemble la grande bouteille de limonade qu'elles ont achetée. Les deux tortues patientent dix-huit ans. Puis un jour de grande chaleur, elles décident d'ouvrir la bouteille pour se désaltérer. À ce moment, sortant de derrière un arbre, la troisième tortue leur dit d'un air futé : « Je vous ai eues. Je savais que vous n'alliez pas m'attendre, et je m'étais juré de vous coincer, c'est pour ça que je n'ai pas bougé d'un centimètre ! Hi ! Hi ! Hi ! » Cette histoire racontée par mon fils, il y a quelques jours lors du dîner, a bien failli nous conduire à l'hôpital. Nous avions tous avalé de travers.

Juste avant de sortir de la maison, j'informe Warda de mon dîner avec Ghani. Elle me taquine.

– J'espère que ce n'est pas un dîner galant !

Je reste bouche bée. L'intuition de mon épouse m'a toujours étonné. J'éclate de rire pour cacher mon trouble.

– Un dîner très galant avec mon ami Ghani…

Pour détourner la discussion, j'ajoute :

– Je pense qu'il vaut mieux laisser oncle Messaoud venir…

Dès qu'il se met à découvert, je lui mets les points sur les i.

– Oui, c'est ce que je t'ai dit hier, non ? Tant qu'il n'a pas montré ses intentions et qu'il n'a pas accusé de refus, il ne fera rien contre toi.

Elle s'approche de moi pour me faire la bise en plissant les yeux, un tic que j'adore, et dont elle me gratifie chaque matin avant qu'on se quitte. Elle me susurre à l'oreille :

– Fais attention à ce que tu manges, et ne tarde pas trop… sinon je risque de faire comme toi ! Je dînerai en galante compagnie avec… ma meilleure amie.

C'est la conscience pas tout à fait tranquille que je prends la route du lycée. Je n'aime pas lui mentir. Je me console en me disant que je ne fais rien de mal. Je suis le plus transparent possible avec elle. Mais ma transparence ressemble à celle de certaines radios qui ne montrent que les organes les plus importants en occultant les autres. Je pense qu'on n'est jamais tout à fait transparent. Pas même à soi. Le meilleur exemple est celui de mon père dont la radio nous a révélé une absence de cœur et le voilà succombant à sa deuxième épouse. Alors que pour mon oncle, sa radio indiquait un bon bougre sympathique, et hop il se révèle d'une autre espèce avec son Camus.

Tout en conduisant, je pense à Camus et à mon oncle. Je me retrouve en plein vaudeville. Camus mon père ! Je vois déjà la une des journaux étrangers : « Le fils caché de Camus découvert ! », « Nabil Benkamoun, fils de Camus et de sa maîtresse algérienne ! » Fils de Camus ? Quel changement dans ma vie ! Un bruyant klaxon d'un automobiliste pressé me sort de ma rêverie. Warda me dit toujours que j'ai une imagination fertile. Avant elle, mes copains de lycée et de fac me disaient la même chose en me conseillant d'écrire des livres. J'ai essayé. Mais devant la page blanche je cale. Une fois, après mille souffrances, j'ai pu écrire une nouvelle de huit pages intitulée *La Femme énigmatique.* Je l'ai donnée à lire à Chawki Ayane, un ancien copain de fac devenu critique dans un grand journal. Il a de l'érudition et de la finesse. Seulement, il a en guise de langue une tronçonneuse qui découpe en rondelles tout ce qui ne lui plaît pas. Et comme beaucoup de choses et de personnes n'ont pas la chance de lui plaire, on imagine le carnage. Il lut en silence, puis à voix haute : « La femme souriait tout le temps, c'est pour cela qu'on la trouve énigmatique, mais elle ne se rendait pas compte de l'effet qu'elle produisait sur les autres puisqu'elle ne regardait qu'elle-même. » Il s'est arrêté, m'a regardé droit dans les yeux en lâchant : « On dirait une rédaction d'un excellent élève. Il manque le style… Je m'excuse mais c'est trop lourd, tu comprends et puis qu'est-ce que c'est que cette histoire de femme qui s'aime tellement qu'elle ne voit personne ? C'est d'une banalité affligeante : toutes les femmes sont comme elle… »

Après quelques secondes, il poursuivit :

« Tu vois, Nabil, ta nouvelle manque d'originalité et de style. Mais bon, il n'y a pas de fautes de français… » Là mon sang n'a fait qu'un tour : « Tu as peut-être oublié que je suis prof de français et que j'étais le meilleur de la classe ? » Il me répondit un brin irrité : « Allons, allons calme-toi… Voilà que tu es vexé et que tu me sors tes notes de fac… Je n'ai pas dit que tu étais nul, mais ce que tu as écrit demande à être travaillé, voilà tout. Si tu veux progresser, écoute ceux qui te font pleurer plutôt que ceux qui te font rire. »

Je n'ai pas aimé son paternalisme. J'y ai même vu de la méchanceté. Quand il était plus jeune, il était, me semble-t-il, plus gentil et moins imbu de sa personne. Est-ce l'âge qui l'a transformé et rendu si péremptoire ? Je n'ose pas croire que c'est le contact des livres et des écrivains qui l'a fait tourner comme un mauvais vin. Je n'arrive pas à comprendre qu'un journaliste haïsse autant les écrivains. Même ceux qu'il interviewe, sitôt partis, ils ne valent plus un sou. La seule explication que je trouve est la jalousie. Peut-être sont-ils ce qu'il aurait voulu être et qu'il ne sera jamais. Il rejette ce qu'il ne peut atteindre. Cette méchanceté de Chawki a redoublé mon envie d'approcher les écrivains. J'ai assisté à plusieurs dédicaces d'auteurs pour le plaisir de les côtoyer. À quelques exceptions près, ils m'ont très vite fait comprendre que leurs écrits valent mieux qu'eux. Mieux vaut les lire que les connaître. Heureusement qu'ils ne sont pas tous ainsi. Les plus méchants sont ceux qui ont le moins de succès. Ils en veulent au monde entier et même aux rares lecteurs qui se font dédicacer leurs livres. L'un d'eux m'a tellement fait de la peine en le voyant chômer que je lui ai demandé, par compassion, de me signer son recueil de nouvelles. Il mit son autographe sur la page de garde et me souffla d'un air las : « Je suis fatigué de signer… Je pense que je vais rentrer chez moi… » Je suis resté bouche bée, car il n'y avait personne, excepté un journaliste à la retraite et le libraire. En revanche, l'un des meilleurs écrivains que j'ai pu approcher, après avoir patienté une trentaine de minutes, tant il y avait du monde, m'a accueilli avec le sourire. Il a pris le temps de discuter avec moi. Quand il a vu que j'étais prof de français, il m'a offert en sus son avant-dernier roman. Il m'a écrit cette jolie dédicace : *« À Nabil qui apporte la lumière à des enfants plongés dans les ténèbres. »* J'ai pris cet autographe comme un hommage à tous les enseignants.

La petitesse de certains écrivains, moi qui rêve de le devenir, ne serait-ce qu'avec la publication d'un tout petit recueil, ne me les a pas fait détester pour autant. J'y ai plutôt vu une soif de reconnaissance sans limite. Ce sont des bébés. Et chaque lecteur est un biberon qu'ils tètent.

10

Comme je n'ai cours qu'à 9 h, je suis allé à la salle des profs. Le journal *Les Nouvelles du pays* était sur une table. Je le feuillette. Les principales pages sont consacrées à la recrudescence des attentats terroristes. Je passe à la page culturelle. Et là, je tombe sur un article intitulé : *« Jean El Mouhoub Amrouche l'écrivain qui a dit non à Camus. »* Je m'attendais à des arguments sur une éventuelle polémique entre les deux écrivains. Non, rien que la biographie de l'écrivain algérien avec vers la fin juste une phrase de Amrouche selon laquelle les Arabes et les Berbères n'ont d'autre existence qu'abstraite pour Camus. Et le journaliste de conclure que Amrouche a rompu avec Camus parce que celui-ci était contre l'indépendance de l'Algérie.

– Bonjour M. Nabil ! Voulez-vous partager avec une pauvre inculte ce que vous lisez de si intéressant ?

C'est mademoiselle Sarah avec un sourire espiègle sur les lèvres. Comme il n'y avait dans la salle qu'une vieille prof à moitié sourde, la familiarité de ma jeune collègue ne m'a pas gêné.

Je lui montre l'article en lui répétant la phrase d'Amrouche sur Camus. Elle haussa les épaules et me dit avec une moue désolée : « On dit tellement de choses sur l'homme Camus alors qu'à mon avis c'est surtout de son œuvre qu'il faut parler… En tous les cas Albert Camus est mon auteur préféré, ainsi que de toute ma famille. » J'allais l'informer de la présence de Boubi qui fonçait droit sur nous quand elle me murmura de ne pas oublier le dîner de ce soir, l'ayant certainement aperçu elle aussi. Campant devant nous en bombant le torse mettant en avant, à défaut de biceps, un ventre rebondi, il éructa :

– Bonjour mes profs préférés, et pas pour les mêmes raisons.

Sarah me jeta un regard interloqué qui n'échappa pas au lourdaud, lequel enchaîna :

– Je voulais dire que vous êtes comme moi, différents des autres… Hier soir, je disais à ma femme que c'est une chance que d'avoir comme collègues et amis Nabil et mademoiselle Sarah. La grande culture et la classe !

Sarah fronça les sourcils, ses yeux bleus devinrent de glace.

– Je vous remercie pour votre compliment. Mais j'espère que je ne suis pas que ça, M. Boubi.

Le lourdaud rentra sa tête dans ses épaules, il avait l'air gêné, et laissa entendre un rire nerveux. Il s'excusa.

– La culture, c'est évident que vous l'avez. Je voulais parler de ce qui est apparent chez vous, n'est-ce pas, Nabil ?

Je ne répondis rien. Il voulait mon renfort alors qu'il s'enfonçait. Sarah préféra ne pas relever la bourde. Je ne l'en respectais que plus. Elle nous salua et partit s'asseoir à une table au fond de la salle. Boubi me chuchota :

– Je pense qu'elle apprécie beaucoup ma conversation… Aucune femme ne résiste à une langue d'or comme la mienne.

– Je dirais même en diamant…

Il me tapa l'épaule dans un geste de connivence et me confia d'un air coquin :

– Elle est bien roulée, la petite, hein ? Elle doit avoir un sacré tempérament au lit. Je m'y connais, va ! Et tu sais comment je l'ai deviné ? À son corps élancé capable de toutes les cabrioles !

Comme je restais silencieux devant ses grasses élucubrations, il me souffla :

– J'ai l'impression que tu en pinces pour la petite… Je me trompe ?

– Tu te trompes sur toute la ligne et tu le sais bien, Hichem. C'est toi le séducteur.

Il rota de plaisir et me remercia d'un « tu es un fin observateur, docteur ! » Il attribue le titre de docteur à toute personne qui lui fait plaisir. On peut être crétin et docteur avec lui. Même s'il est mielleux, je sais qu'aujourd'hui même il va rapporter au proviseur qu'il m'a surpris de bon matin en tête-à-tête avec mademoiselle Sarah Rabia. Outre sa lourdeur naturelle, Hichem Boubi a comme fâcheux défaut de répéter au proviseur tout ce qu'il entend. Les cancans, les ragots, c'est sa spécialité. Tout ce qu'on lui dit se retourne contre nous. Bien ou mal. Il ne m'a jamais pris en défaut pour la simple raison que je ne parle jamais des autres. Ce ne fut pas le cas d'un collègue fraîchement débarqué et viré au bout d'un mois pour insuffisance et incompétence. En fait, la réalité est toute autre. Il a raconté une histoire sur le proviseur. Il a fait rire toutes les oreilles attentives en leur confiant qu'à l'époque, alors qu'il était élève interne, le proviseur a gardé pendant un an ses chaussettes, douche comprise, gagnant ainsi un concours organisé par les internes. Une âme charitable l'a raconté à Hichem qui l'a rapporté illico presto tout en désignant le coupable. Exit le collègue qui n'a pas su garder sa langue.

Ma classe de terminale est pleine à craquer. Elle est surpeuplée : plus de cinquante élèves. J'ai du mal à imposer la discipline et le silence pour commencer mon cours. Plus de 80% sont des filles. Et c'est normal, elles ont plus le goût des langues. Pourtant, le meilleur élève est Skander que ses camarades surnomment « Abkarino » (le petit génie), sérieux, discipliné, il a réponse à tout derrière ses lunettes en écaille qui lui donnent un air désuet. Après avoir ramené le silence dans la classe, je leur annonce que la première partie du cours sera consacrée à un écrivain d'origine algérienne qui a reçu le prix Nobel. Qui est-il ? Abkarino et un autre élève, Bouzid, lèvent les mains. Comme je suis sûr que Abkarino connaît la réponse, je demande à Bouzid de donner la sienne.

– Kateb Yacine, monsieur !

Je me tourne vers Abkarino.

– J'ai quelqu'un en tête, mais ce n'est pas un Algérien..., dit-il timidement.

Je le prie de poursuivre.

– Albert Camus..., répondit-il gêné.

J'étais étonné par sa réponse. À dix-sept ans, il a déjà pris position contre Camus. Je lui précise que l'écrivain est bien né en Algérie, à Belcourt. Pourquoi alors ne le considère-t-il pas comme d'origine algérienne ? « Parce que le lieu de naissance ne définissait pas l'origine à l'époque de la colonisation, mais la race si. » Je restai éberlué, étonné par la précocité politique de mon élève. Sa démonstration était logique. Comme je ne pouvais pas lui donner raison, au risque de mettre en cause la nature même de ma question sur l'origine algérienne de Camus, je le taclai par une question :

– Bien... Dis-moi, Skander, as-tu lu Camus ?

Il hésita un moment, sans doute autant surpris par mon ton que par ma question, et me répondit timidement par la négative. Je sors mon sourire indéchiffrable. Et je lui fais remarquer d'un ton doctoral :

– Comment peux-tu juger l'origine d'un écrivain dont tu n'as pas lu une seule ligne ? Quand Albert Camus dénonçait dans les années trente dans son journal – et il était le premier à le faire – la misère en Kabylie, était-il du côté français ou arabe ?

Il ne répondit pas ; je porte l'estocade à mon élève préféré :

– Es-tu au courant de ça, Skander ?

Il baissa la tête et resta silencieux.

J'ai appris d'expérience que la meilleure façon de sortir à

son avantage d'un débat avec un élève est de l'interroger. Je dois cependant avouer que la capitulation rapide d'Abkarino m'a quelque peu étonné. D'habitude, sur d'autres sujets, il est plus coriace.

J'ai quelquefois honte d'utiliser pareille méthode, mais les élèves surdoués ne me laissent pas le choix. Il faut bien sauver la face tout en donnant l'impression d'être pédagogue. Ayant tâté le pouls de ma classe sur Camus, je poursuivis l'étude des œuvres de Mohammed Dib que les élèves, exceptés quelques-uns, ne connaissent pas mieux que Camus.

À la fin du cours, Abkarino s'approcha de moi.

– Pourquoi a-t-il dit qu'il préférait sa mère à la justice ?

Je répondis par une pirouette :

– Et toi, tu préfères qui ? Ta mère ou la justice ?

– Ma mère, bien sûr.

Je lui tapotai l'épaule d'un air paternaliste et lui expliquai :

– Nous sommes bien d'accord, mon fils. Nous préférons nos mères à la justice. Dans le cas de Camus, c'est différent. Il a la responsabilité de l'écrivain, donc une autorité morale que nous n'avons pas. Mais tout cela nous le débattrons bientôt dans le cadre d'un cours sur lui.

J'ai bien conscience d'avoir déplacé le débat. Il connaissait Camus et moi mieux encore ; il me savait capable de prendre la mouche en cas de polémique devant les élèves, d'où son silence et sa réserve en classe.

Je me hâte d'aller voir Boualem le bouquiniste. Aller à la recherche de la vérité m'amuse. Je sors de mon ordinaire, de ma routine et de ma vie si réglée. Il y a enfin du nouveau même s'il semble burlesque. L'important, c'est que je me projette dans une aventure digne d'un livre. À défaut d'écrire un roman, j'ai l'impression d'en devenir un personnage, le personnage principal.

11

Au seuil de la librairie, je ressentis ce lieu comme un repère et une consolation. C'est l'un des rares espaces algérois de savoir qui est resté tel quel en dépit des ans et des vicissitudes. Ni la mutation d'Alger en immense fast-food ni le terrorisme n'ont eu raison de la Passion du livre.

Boualem a atterri ici grâce à une succession de faits extraordinaires qu'il me ressasse avec le même plaisir gourmand. Il a mis les pieds pour la première fois dans cette librairie dans les années 1940. Il a commencé, haut comme trois pommes, comme garçon à tout faire de la patronne. C'est un Français, une connaissance de son père, qui l'avait ramené à l'époque. Comme les livres l'ennuyaient, il décida que son premier jour à la librairie serait le dernier. Au goûter de 16 heures, la patronne lui demanda de rapporter deux cafés au lait et des croissants. Pour la première fois de sa vie, il goûta à ces délicieux croissants qu'il ne savourait qu'à travers son sens olfactif lorsqu'il passait devant la boulangerie. L'habitude s'installa, et il se lassa de cette prison dorée. Il prit la décision de devenir cireur de chaussures à la fin du mois pour être libre. Cependant, un jour, comme il accompagnait sa patronne pour un quelconque achat, il s'attarda devant une vitrine à contempler un transistor Philips. Et surprise, le lendemain, elle lui offrit l'objet de son désir. Après ce geste magnifique, son destin était scellé. Par gratitude pour sa patronne, il commença à s'intéresser au livre. Il en lut un qu'il termina difficilement, puis deux, puis trois, puis l'amour du livre vint avec la lecture. Depuis, il aime les livres d'un amour qui ne laisse de place à aucune autre passion. À vrai dire, je n'ai jamais su s'il était marié, père de famille, s'il avait une autre vie que celle que je voyais au milieu des livres.

D'ailleurs, je ne voulais rien savoir de lui. Je le voulais tel qu'il me semblait être et cela me suffisait. La librairie était vide de clients. Boualem était en train de ranger des livres sur des étagères déjà surchargées. Une odeur de parchemin et de renfermé flottait dans la librairie. La même que je humais dans la bibliothèque municipale. Boualem fut heureux de ma visite.

–Nabil, quel plaisir de te voir ! Justement, je viens de recevoir beaucoup de livres anciens… Je les ai mis de côté pour toi… Il était seul. L'occasion de rentrer dans le vif du sujet avant l'arrivée d'oreilles indiscrètes. Après l'avoir remercié pour son geste, je lui demandai s'il avait connu Albert Camus… Nullement surpris, il ajusta ses lunettes, passa sa langue sur ses lèvres desséchées, me regarda avec intérêt, hocha la tête à ses souvenirs et me confia :

– Et comment ! Il venait souvent ici. Toujours élégant et courtois… Tu sais, mon préféré est Georges Arnaud, le fameux auteur du *Salaire de la peur*. Lui, c'était un habitué de la librairie, toujours ivre et épaulé par sa femme d'une grande beauté… Ah ! Elle a souffert avec lui, la pauvre…

Apparemment, Boualem adore Arnaud. Je relance malgré tout la discussion sur Camus, prétextant un cours à préparer sur lui… Comment était-il, quels auteurs cherchait-il ? Le libraire me répondit machinalement, comme s'il avait l'habitude de ce genre de questions :

– Il cherchait toujours les mêmes auteurs, Gide, Montherlant, Malraux, Faulkner… Et quand il prenait un livre, il me payait toujours le double. La première fois je me suis écrié : « Mais M. Camus, vous m'avez payé le double du prix ! » Il me répondit en souriant : « Le prix fixe pour la patronne et le reste pour toi. » Et à chaque fois, le même scénario se reproduisait, me plongeant toujours dans l'ambarras.

Voyant qu'il éprouvait du plaisir à parler de Camus, je lui demandai sur le ton de la confidence s'il lui arrivait de voir Camus avec des femmes. Avec un sourire malicieux, il s'exclama :

– C'était un vrai tombeur avec ses yeux gris-vert, sa dégaine à la Bogart… Il passait souvent avec deux femmes différentes, deux beautés qui avaient l'air folles de lui… Il était le contraire d'Arnaud que je voyais toujours en compagnie de son épouse.

J'en arrivai au sujet crucial, la fameuse maîtresse algérienne de Camus, mon invraisemblable mère. Au-delà de cette histoire abracadabrante, censée être la mienne, chemin faisant, j'étais vraiment curieux de savoir si Camus avait eu des amies algériennes. Aucun livre, à ma connaissance, n'en parle.

J'en arrivais à penser que j'allais peut-être découvrir du nouveau sur l'écrivain. Je jubilais. Ayant sans doute remarqué un changement de comportement, Boualem s'exclama :

– Ce que je te dis sur Camus t'étonne ? Je vais te dire, selon certaines confidences faites à la patronne par des lectrices, c'était un chaud lapin, Camus ! Il tirait sur tout ce qui bouge… Mince comme un couteau et chaud comme la braise !

Heureux de sa phrase, Boualem rit de bon cœur. Un rire juvénile, que je n'ai jamais entendu auparavant. J'en fis de même pour le pousser à plus de confidence.

– Quelle mémoire ! Tu as vraiment connu Camus… Il tirait aussi sur des femmes musulmanes, je veux dire des Algériennes ?

Sans faire appel à sa mémoire, il gloussa comme si je l'interrogeais sur un écrivain qu'il avait vu la veille.

– Mais bien sûr que je l'ai vu avec une Algérienne, une très belle femme aux formes splendides… On aurait dit une actrice. D'ailleurs, ils se sont rencontrés ici, chez moi. Et je pense qu'elle a eu un coup de foudre pour lui. En tous les cas, ils sont sortis ensemble de cette librairie. Pour le reste, je ne peux rien dire, mais connaissant la réputation de Camus, je pense qu'elle a fait partie de son palmarès.

Ce qu'il me disait me paraissait incroyable. Raconter spontanément une histoire avec des détails remontant au moins à une cinquantaine d'années me paraît relever de la mythomanie. Je décidai de l'éprouver en donnant l'impression de le flatter :

– Tu dois avoir une mémoire prodigieuse pour te rappeler

cette Algérienne ! L'histoire date d'au moins cinquante ans, n'est-ce pas ?

Toujours avec la même rapidité, il affirma :

– Il n'y a rien d'extraordinaire à cela : si je me rappelle aussi bien de cette histoire, c'est que j'en parle souvent avec sa copine qui l'accompagnait à l'époque.

Me voyant ouvrir de grands yeux, il précisa :

– Mais oui, je ne t'ai pas dit que la belle Algérienne était ce jour-là en compagnie d'une copine, devenue avec le temps ma plus ancienne cliente et je peux même dire une amie… Rien qu'une amie, pas plus, Nabil.

Il laissa entendre un rire coquin qui me laissait penser le contraire.

– Et tu vois toujours ces deux femmes ?

Il dépoussiéra un livre avec un vieux chiffon.

– Je n'ai plus revu la belle jeune femme, mais sa copine si… Je t'ai dit que c'est ma plus ancienne cliente… Si cette histoire t'intéresse, tu peux lui poser toutes les questions que tu veux, car elle va passer dans quelques instants… Depuis la fin des années quarante, elle vient chaque samedi vers midi… elle ne va pas tarder. Depuis que je la connais, elle n'a jamais raté un samedi, sauf durant les vacances.

Je le remerciai pour ces informations tout en lui confiant que j'éprouvais quelque pudeur à faire parler une vieille femme… Il m'arrêta de la main.

– Elle sera heureuse de te parler, c'est une vraie pie… On sait quand elle commence, on ne sait jamais quand elle va s'arrêter. Je lui dirai que tu es un journaliste qui écrit un article sur les célébrités qui ont fréquenté la librairie, ça te permettra de poser toutes les questions sur l'écrivain, ça te va ? Tu vas voir que Mme Fadéla a une mémoire prodigieuse.

J'acquiesçai, le remerciai et, en attendant, lui demandai ce qu'il avait sur Camus. Il sortit prestement d'une étagère qu'il avait derrière lui un volume de la Pléiade qu'il me tendit. Au sommaire, il y avait *L'Envers et L'Endroit*, *Noces*, *Le Mythe de Sisyphe* et d'autres textes dont le fameux discours de Suède. C'est là que je trouverai sans doute la fameuse phrase qui le réduit, lui dont l'œuvre est si importante, au choix entre sa mère et la justice. Je décidai de le prendre.

– Ah ! Il ne faut pas que j'oublie le plus important, s'exclama-t-il.

Joignant le geste à la parole, il mit sur son comptoir les livres anciens qu'il m'avait jalousement gardés. Il y a *Une vie* de Jung, *La Marée du soir* de Montherlant et surtout un Gracian Baltasar que je pris en frémissant d'émotion. La couverture était si délavée qu'on voyait à peine le titre. J'ouvris la page de garde et je lus : *Oracle manuel et Art de la prudence*, ce qui me va très bien. En Algérie, on n'est jamais assez prudent. De toutes les façons, quel que soit l'ouvrage, j'étais décidé à l'acheter. J'aime le jésuite espagnol parce que je trouve chez lui des règles de vie, des conduites à tenir dans différentes situations. Avec l'âge, je lis de moins en moins de romans, et de plus en plus de moralistes. Quand j'ai découvert Baltasar, j'ai laissé tomber les Chamfort, La Bruyère et La Rochefoucauld. Seul Montaigne trouve encore grâce à mes yeux. Lui est inégalable, même si sa langue est ardue. Souvent, devant un problème donné, je me réfère à mon ami Gracian avant Warda. Ils ont la même lucidité et le même pessimisme sur le genre humain. Un jour, j'ai parlé à Ghani de cette parenté entre Baltasar et mon épouse. Il m'a ri au nez. Ce que j'appelle ressemblance entre un grand moraliste et une femme commune s'appelle le bon sens, selon lui. « Warda est une femme pragmatique comme la plupart des femmes. Elle voit le mal partout, comme la plupart des femmes. Elle se méfie de tout, comme la plupart des filles aînées de la fratrie. Elles ont d'office l'expérience de leur mère », débita-t-il d'un trait. Depuis, j'évite d'établir devant lui des comparaisons impliquant mon épouse. Je sais qu'ils sont comme chien et chat, qu'ai-je à provoquer l'un en lui citant l'autre ?

Je feuillette le traité de Baltasar et je tombe sur ce passage : « Laissez toujours le premier mot pour avoir le dernier. Stratagème efficace pour obtenir ce que l'on veut ; même dans les affaires du ciel, les maîtres chrétiens enseignent cette sainte astuce. C'est une dissimulation très importante, car l'avantage que l'autre croit trouver sert d'appât pour ferrer sa volonté : il s'imagine avancer son intérêt alors qu'il ne fait que déblayer le terrain pour celui de l'autre. »

À la lecture de ce paragraphe, je me sens apaisé. Je retrouve ma position avec oncle Messaoud. Je n'ai rien dit. Je n'ai pas riposté en décidant de le laisser venir. Et Gracian me donne raison d'attendre et de dissimuler. Gracian et Warda, bien entendu…

12

J'étais plongé dans mes pensées quand j'entendis la voix de Boualem : « Voilà la plus belle des femmes qui arrive ! » Je me retourne et j'aperçois une dame à l'allure d'antan entrer en répondant avec le sourire. « Comment vas-tu, mon frère Boualem ? Tu as une mine resplendissante ! »

J'observai les deux septuagénaires. Ils ont l'air de vieux jeunes. Ils portent beau encore. Les cheveux blonds de Fadéla forment un beau contraste avec la crinière noire, sans doute teinte aussi, de Boualem. Derrière leurs lunettes, ils ont le même regard espiègle des bons vivants qui savent freiner le temps. La seule différence entre les deux amis se trouve dans leurs mises. Boualem est vêtu comme un homme moderne ! Son amie a une apparence désuète. Je les entends papoter de tout et de rien comme de vieux compagnons. Soudain, me désignant du doigt, Boualem lance à son amie :

– Voici Nabil, un très bon journaliste qui voudrait écrire un article sur les célébrités qui ont fréquenté ma librairie…

La vieille dame à la voix très jeune prend le relais :

– Si monsieur a besoin de mon aide, je suis là. Moi, je n'ai vu que Camus et encore, une seule fois. Mais il est tellement remarquable qu'il vaut toutes les rencontres…

Je la remerciai. La brèche étant ouverte, je décidai de l'interroger, sans perdre de temps, sur son amie :

– Boualem m'a parlé d'une de vos amies qui était folle de Camus…

Elle pouffa de rire en mettant sa main devant sa bouche.

– Ah, Boualem vous a déjà informé ! C'est vrai que Nafissa était tellement amoureuse de Camus qu'elle tremblait en lui parlant… Quand elle a lu la dédicace qu'il lui a faite dans son roman *L'Étranger*, elle a failli s'évanouir… Vous savez ce qu'il a écrit ?

Elle ferma ses yeux comme pour revivre ce moment unique, jeta un coup d'œil à Boualem pour s'assurer qu'il n'allait en rater, lui non plus, aucune miette, et ajouta :

– *« À Nafissa, fille de ma terre, aussi belle qu'elle et sans doute aussi généreuse. »* C'est vrai qu'elle était d'une beauté incroyable : de longs cheveux noirs, un visage aux traits réguliers et des yeux d'un vert lumineux…

Elle s'arrêta de parler pour me dévisager, s'approcha de moi jusqu'à ce que je sente son parfum citronné. Elle me scruta, cligna des yeux derrière ses lunettes et me dit, heureuse de sa découverte :

– Ça alors ! Vous avez les mêmes yeux et même un air de famille avec Nafissa ! Elle n'est pas de votre famille, par hasard ?

Étonné, tétanisé même, je ne peux que balbutier :

– Non, je ne me rappelle pas avoir une femme dans la famille qui réponde à cette description.

Subitement, je me retrouve projeté dans une autre dimension. Se pourrait-il que mon oncle ne m'ait pas menti ? C'est dans un état de perplexité totale que j'entends la voix de Boualem :

– Tiens, je ne me suis jamais rendu compte de cette ressemblance. Faut dire que je n'ai vu qu'une fois ton amie… mais c'est vrai qu'elle avait de très beaux yeux…

Heureusement que personne n'a remarqué ma confusion. Les deux amis concentrés sur leurs souvenirs ne me prêtaient guère attention. Tant mieux. Je repris le contrôle de moi-même. Il me fallait tirer au clair cette histoire de ressemblance. Ce n'est pas parce que cette vieille femme à la mémoire sans doute défaillante me trouve des similitudes avec son amie que ce doit être vrai. Combien de personnes affirment que je ressemble à ma mère alors que d'autres, presque autant, jurent que je suis le portrait craché de mon père. Il me fallait donc d'urgence trouver cette femme. Comme les personnes prolixes sont souvent sensibles aux compliments, je dis à Mme Fadéla :

– Votre histoire est très belle et vous la racontez si bien… Pourriez-vous me parler de la relation de votre amie avec Camus ?

Je savais que je n'avais qu'à la lancer pour qu'elle batte son propre record de paroles. Elle me jeta un regard de reconnaissance et se racla la gorge.

– En réalité, je ne sais pas ce qui s'est passé entre mon amie et Camus. On est sortis de la librairie tous les trois. Au bout de quelques mètres, j'ai prétexté un rendez-vous et je les ai quittés. J'avais peur qu'un membre de ma famille me voie avec un homme, un Français de surcroît. Je suis partie d'un côté et eux de l'autre. Et ma foi, ils n'avaient pas l'air triste de se retrouver seuls… Ce qui m'avait étonné, c'était le comportement de Nafissa qui appartenait à une grande famille conservatrice. Elle osait quand même s'afficher avec un homme, et un Français, en plus ! Il fallait qu'elle soit vraiment mordue de lui pour qu'elle oublie toute prudence. Vous savez, les femmes aiment plus facilement que les hommes, surtout celles de notre époque…

Je décidai de mettre fin à ce babillage et de la recentrer sur ce qui m'intéressait, en appréciant, au passage, qu'elle me mette dans la même génération qu'elle et Boualem avec son « les femmes de notre époque », alors qu'une vingtaine d'années au moins nous séparent.

– Et qu'est-ce qui s'est passé par la suite ? lui demandai-je.

Toujours aussi gourmande de mots, elle précisa :

– Je ne l'ai plus jamais revue, monsieur… Il faut dire qu'elle n'était pas vraiment mon amie, mais une ancienne camarade de classe. On venait de se rencontrer par hasard un peu plus haut que la librairie quand, soudain, elle s'extasia : « Regarde, mais c'est le grand écrivain Albert Camus qui rentre dans la librairie ! Je l'adore ! C'est le plus grand écrivain du monde ! » Me prenant par le bras, elle me supplia de l'accompagner à la librairie pour le rencontrer et se faire dédicacer un de ses ouvrages. Comme je sentais son corps trembler et que j'étais curieuse de voir la suite, j'ai mis mes pas dans les siens. Hélas, elle ne se rappelait pas du nom de sa camarade, et elle n'a jamais su où elle habitait. L'histoire de la ressemblance me taraudait l'esprit, je lui demandai si la couleur des yeux de la femme était semblable à celle de Camus. Pour la première fois, elle fit appel à sa mémoire.

Elle se concentra un peu et enfonça le clou.

– Je crois que non. Camus, me semble-t-il, avait les yeux gris-vert, alors que Nafissa a les mêmes que les vôtres…

Décidément, elle n'en démord pas. Je restais pensif. Je me disais que le mystère de cette femme aux yeux verts demeurait entier. Comment la retrouver ? Comment connaître la suite de son histoire avec Camus ? Deux hommes firent irruption dans la librairie, salués chaleureusement par Boualem. Il ne me reste plus qu'à partir, ayant eu mon plein de Camus de la part de Mme Fadéla. Je paye Boualem qui a déposé les livres dans un sac en plastique. J'allais prendre congé de lui et de Mme Fadéla quand je me suis rappelé que je ne connaissais pas l'adresse exacte de l'écrivain à Belcourt. J'en fis part à mon ami bouquiniste qui hésita avant de répondre : « Heu… heu… je sais que c'était un enfant de Belcourt, mais où il résidait exactement, ça je l'ignore… » L'un des hommes qui venaient d'entrer dans la librairie intervint sans lever les yeux du livre qu'il avait dans les mains :

« Camus habitait au 124, rue Belouizdad ! »

Il marqua une légère pause et précisa : « Dans les premières pages de son premier livre, un essai de jeunesse, *L'Envers et L'Endroit*, il fait d'ailleurs allusion à l'appartement où il logeait, il parle des cafards et d'une rampe d'escalier... J'ai déjà écrit dans une revue spécialisée sur cette maison du 124, Belouizdad, j'ai même interviewé le propriétaire que les visiteurs ont rendu dingue... Soixante ans après la description de Camus, il y a toujours les cafards... Eux n'ont pas bougé. D'ailleurs rien ne bouge en Algérie, n'est-ce pas Boualem ?

Celui-ci s'esclaffa en tapant du poing sur son comptoir.

« Pourquoi veux-tu que ça bouge, jeune homme ? Pendant dix ans, ça n'a fait que bouger ! Basta ! » Puis vrillant son regard sur moi, il me dit : « Smail est un bibliothécaire plus cultivé que les journalistes qui confondent mon ami Georges Arnaud avec Saint Arnaud ! » Mme Fadéla fit une moue charmante et gronda son ami : « Voyons Boualem, ne dis pas du mal des journalistes... As-tu oublié que monsieur est journaliste ? »

Le bouquiniste me fit un clin d'œil tout en répondant à son amie : « Ce n'est pas lui que je visais, ma chère ! Nabil est un journaliste à part et c'est mon ami avant tout ! »

Je le remerciai d'un sourire. Je saluai tout le monde et je m'en allai en jubilant de bonheur, car *L'Envers et l'Endroit* dont parlait le bibliothécaire était dans mon sachet, là dans ma main. J'étais pressé de me précipiter sur le livre et de repérer enfin la maison de Camus. Est-elle loin de ma maison d'enfance ou juste à côté ?

Dès que je me suis retrouvé dans ma voiture, j'ai bondi sur la Pléiade. Je feuillette les premières pages et mon cœur s'arrête à la lecture de ces lignes : « Ce quartier, cette maison ! Il n'y avait qu'un étage et les escaliers n'étaient pas éclairés. Maintenant encore, après de longues années, il pourrait y retourner en pleine nuit. Il sait qu'il grimperait l'escalier à toute vitesse sans trébucher une seule fois. Son corps même est imprégné de cette maison. Ses jambes conservent en elles la mesure exacte de la hauteur des marches. Sa main, l'horreur instinctive, jamais vaincue, de la rampe d'escalier. Et c'était à cause des cafards. Les soirs d'été, les ouvriers se mettent au balcon. Chez lui, il n'y avait qu'une toute petite fenêtre. » J'imagine le jeune Camus en train de monter dans le noir les escaliers, sa phobie des cafards. Au-delà de ces sensations, j'avais assez d'indications pour reconnaître l'immeuble de Camus : un étage, sans balcon, avec juste une fenêtre. Afin de ne pas les oublier, je note ces détails sur mon bristol de prof.

Je décide d'aller tout de suite à Belcourt, au 124, boulevard Belouizdad, ex-rue de Lyon. Je suis de nature impatiente. Quand un livre me passionne, il faut que je le termine rapidement, contrairement à d'autres qui font reculer au prix de mille astuces le mot fin ; quand j'achète un vêtement, je le porte sur-le-champ, au plus tard le lendemain. Au début de notre mariage, Warda était étonnée par mon comportement ; je lui ai expliqué qu'il valait mieux profiter de la chose, ne sachant quand la vie prendrait fin. Elle s'est tue, convaincue sans doute par mon raisonnement. C'est d'ailleurs l'une des rares fois où elle n'a rien répondu.

Tout en conduisant au milieu d'un embouteillage anarchique, typiquement algérois, j'essaie de comprendre mon émotion, cette frénésie de chercher tout de suite les informations sur la maison de Camus. Mon cœur s'accélère, mon souffle est court. « Allons, allons Nabil, tu ne vas quand même pas croire à la farce de ton oncle. Tu n'es pas le fils de Camus, tu ne peux pas être le fils de Camus. C'est juste un subterfuge de ce vieux fou pour te gruger. » J'ai beau essayer de tenir la bride courte à mon imagination, rien n'y fait. J'étais si fébrile que j'ai manqué plusieurs fois d'écraser des badauds qui se promenaient sur la chaussée, défiant les véhicules. Dans ces moments de doute et d'incertitude, seule Warda peut m'apporter la sérénité.

À l'heure actuelle, elle doit être dans une salle, en train de faire cours. Et puis, j'imagine sa tête si je lui raconte ma fébrilité à l'idée de repérer la maison de Camus. Elle va faire de gros yeux en me traitant de « romancier en herbe en mal de loisirs », comme à chaque fois que je l'étonne par un comportement qui ne répond pas à ses normes. J'aime bien la première partie de la phrase : romancier en herbe. Dans la bouche de mon épouse, ce n'est ni un compliment ni un jugement négatif. Juste un constat. Elle sait que j'ai une imagination débordante, que je n'arrive pas encore à traduire par la publication d'un roman.

13

Le 124, rue Belouizdad se trouve juste en face du café du cercle du Mouloudia Sportif de Belcourt aux couleurs bleue et rouge.

Je trouve facilement une place pour stationner. L'immeuble situé à cette adresse a l'air vétuste. Il ne semble pas avoir connu des jours meilleurs. C'est une bâtisse construite pour des Européens modestes ou même démunis. Normal que la famille de Camus ait atterri ici. Je jette un coup d'œil à mon bristol et je lis : « Immeuble à un étage, sans balcon. » La bâtisse que j'ai sous les yeux a deux étages et un grand balcon. Le balcon est presque en ruine. Ce n'est pas l'adresse décrite par l'écrivain. Je n'avais pas besoin de réfléchir beaucoup pour conclure que c'est le bibliothécaire ami de Boualem qui s'est trompé d'adresse. Mais alors pourquoi ce même bibliothécaire nous avait-il dit que le propriétaire de l'appartement du 124, rue Belouizdad se plaignait d'être souvent dérangé par des cohortes de visiteurs ? Mystère. Pour en avoir le cœur net, je me dis qu'il serait bon que je rencontre ce propriétaire. Lui doit forcément connaître l'histoire de cette maison. Les Algériens, question de croyance et de superstition, aiment toujours tout savoir sur les lieux où ils emménagent. S'ils portent chance ou malheur, si les murs ont résonné de cris de détresse ou vibré de bonheur. Je décide de partir à la recherche de cet homme. Avant d'aller frapper à sa porte – démarche qui me répugne –, je décide de jeter un coup d'œil au cercle du Mouloudia. Mon instinct me dit que c'est là que je le trouverai. Où vont les Algériens quand ils n'arpentent pas les rues ou ne soutiennent pas les murs ? Au travail, au stade sinon au café. Si je ne retrouve pas le propriétaire, je mettrai peut-être la main sur son fils, s'il en a, ou un membre de sa famille. De toutes les manières, il y aura toujours quelqu'un pour me renseigner, d'autant que le cercle fait face à l'immeuble.

En me dirigeant vers le café, je constate perplexe que Laâqiba n'est pas très loin, à une centaine de mètres environ, un autre détail qui pourrait conforter la thèse de mon oncle. Je vois d'ailleurs le minaret imposant de la mosquée qui a été érigée à la place de notre vieille maison. C'est mon père lui-même qui a fait don de notre demeure à une association religieuse du quartier. Quels péchés voulait-il se faire pardonner ? Quand je me rappelle ce geste d'une grande noblesse, je ne peux m'empêcher de penser à ses agissements envers ma mère. J'aurais souhaité le contraire de sa part : qu'il garde la noblesse pour son épouse et sa dureté pour les autres. Je prends une bouteille d'eau minérale au comptoir du cercle. L'ambiance est enfumée. Le serveur très volubile et un tantinet familier me parle comme s'il me connaissait depuis toujours. Je joue le jeu. Je me dis que c'est la personne idoine pour me donner des renseignements sur le locataire du premier étage. J'écoute ses envolées machistes sur les exploits de son club préféré « qui n'est pas une équipe de mauviettes comme celle de la Jeunesse de Kouba qui nous a battus avec la complicité de l'arbitre ». J'encaisse l'insulte, n'osant lui dire, par prudence, que je suis de Kouba. Je connais assez bien les supporters et leur impulsivité pour savoir que ce jeune freluquet pourrait passer de l'amabilité à la colère en une fraction de seconde. Il suffit de le taquiner. Je ne le ferai pas.

Après l'avoir supporté pendant plus d'un quart d'heure, je règle l'addition en lui laissant un pourboire supérieur au prix de la bouteille d'eau. Je pensais le rendre ainsi plus coopératif. Hélas, il me rendit la monnaie :

– *Kho, el hamdoullilah*, je n'ai pas besoin d'aumône.

Je m'excuse, confus. Rares sont les serveurs qui acceptent les pourboires. La majorité d'entre eux prend ce geste pour un manquement à son honneur. Voyant ma confusion, il ajoute l'air goguenard :

– *Kho*, tu as l'air d'un journaliste pro-Mouloudia, je t'invite à consommer ce que tu veux !

Journaliste ? Je dois vraiment en avoir la tête. Après Boualem qui m'a fait endosser ce rôle, voilà un cafetier qui m'en donne la fonction. N'empêche, il m'a tendu une perche pour que je puisse lui poser la question qui m'obsède sans éveiller ses soupçons. Je demande au serveur si par hasard il ne connaît pas le locataire du premier étage de l'immeuble d'en face. Je lui explique que c'est pour les besoins d'un reportage sur un ancien habitant de l'immeuble. Nullement étonné par ma question, il me désigne du menton un homme sirotant son thé assis à une table au fond de la salle.

– Il s'appelle Zemit, c'est un fou du MSB. Il te donnera toutes les informations que tu veux, *kho*.

Que vais-je dire à cet homme habitué sans doute à l'intrusion de curieux dans son immeuble ? Bien entendu, je ne pourrai pas lui expliquer le mobile de ma démarche. Au mieux, il éclatera de rire en prenant à témoin l'ensemble des clients ; au pire il me traitera de fou en m'envoyant promener. Une seule solution : continuer à jouer au journaliste puisque j'en ai, semble-t-il, le faciès. Zemit avait la tête plongée dans la page sportive. Il avait une bonne bouille de supporter d'antan : visage joufflu, cheveux pommadés, nez retroussé, comme inachevé, la soixantaine alerte. Je me présente, on se serre la main, il fronce les sourcils, me regarde comme si j'étais un objet de curiosité et murmure :

– Tu n'es pas par hasard un fils de Laâqiba ? Je vais te dire, ta maison était située à l'endroit où la mosquée a été construite…

Surpris, agréablement surpris, même, je peux juste balbutier :

– Mais comment m'as-tu reconnu ?

Il éclata d'un rire tonitruant, un rire de supporter qui voit son équipe malmener le onze adverse.

– Mais qui ne te reconnaîtrait pas, surtout avec ces yeux verts ? On te surnommait 'Ainin roumi…

À ces mots, mon visage se crispe et je sens mon cœur battre plus fort. Yeux de roumi, yeux de Français, yeux de Camus ? Les mots d'oncle Messaoud me reviennent : « Tu ne t'es jamais posé la question d'où venait la couleur de tes yeux ? » Ces mots se bousculent dans ma tête, ils ne m'ont plus quitté même si j'ai tout fait pour les oublier. Zemit me serre contre son cœur en me donnant de solides frappes dans le dos tout en répétant : « Que je suis content de voir un enfant du quartier envahi aujourd'hui par les bouseux ! » Tout en me laissant étreindre, je fais rapidement le point sur mes découvertes. La jeune bourgeoise conservatrice qui a connu Camus, la proximité de la maison de l'écrivain avec la nôtre et le surnom que les enfants du quartier me donnaient sont autant d'indices, j'en convins, qui confortent jusque-là les paroles de mon oncle. Après avoir manifesté ma joie d'avoir aussi retrouvé un vieil ami de quartier, je pus échapper à son étreinte. Assis en face de lui, je l'écoutai deviser pendant quelques minutes sur les prouesses du Mouloudia, les dribbles de Zaâtout, les tirs de Mendil et les parades du gardien Zitoune. J'éprouvais du plaisir à l'entendre me parler de choses simples comme le football. Et je me disais qu'il lui suffisait peut-être d'évoquer son équipe favorite pour qu'il soit heureux. Il semblait d'ailleurs l'être. Il est même transfiguré avec son visage animé où les yeux brillent de mille feux, le nez retroussé qui semble danser et les mots qui se succèdent à un rythme rapide.

Il est si passionné que si je ne l'arrête pas on risque de rester jusqu'au soir. Je décide de mettre fin à sa joie en lui posant la question qui est sur le bout de mes lèvres. Profitant d'un accès de toux qui me laisse un répit, je lui glisse en préambule :

– Dis-moi, cher ami, pourquoi m'appeliez-vous 'Ainin roumi ?

Zemit éclata de nouveau de rire.

– Mais parce que tu étais le seul parmi tous les enfants du quartier à avoir les yeux clairs comme les roumis ! Moi, on m'appelait Halouf à cause de mon nez, un autre était surnommé Chou-fleur à cause de ses grandes oreilles...

Tout en écoutant mon loquace interlocuteur, je sentis une sorte de sérénité m'envahir : ce n'est donc que ça, un sobriquet de gamin avec nulle arrière-pensée. J'avais envie d'embrasser Zemit. Il dut lire sur mes traits mon changement de météo intérieure et s'esclaffa.

– Tu sais, ce n'était pas méchant. Ce sont des trucs de gosses. D'ailleurs, tu ne le savais même pas car ta mère ne te laissait pas sortir souvent de peur des balles perdues... On allait juste ensemble à l'école Ferry.

Quoi ? On allait à l'école ensemble ? J'ai juste la cinquantaine, il en a au moins soixante. Il doit sans doute me confondre avec quelqu'un d'autre. Je lui dis bêtement :

– Tu me donnes quel âge ?

Étonné par ma question, il répond :

– Mon âge, la cinquantaine, non ? Tu es plus âgé ?

Mon étonnement fut plus grand que le sien. Il le remarqua.

– Tu pensais que j'étais plus jeune que toi ?

Je lui répondis par l'affirmative alors qu'il était aussi pâle que fripé, presque un vieillard. Mais bon, comme il se voit avec les yeux de sa jeunesse, nul doute qu'il doit se trouver plus jeune que moi. Il me confia le plus naturellement du monde qu'il était au chômage et vivotait de petits boulots, d'amour du club et d'espoir, « parce que le croyant doit toujours garder espoir, quelles que soient les circonstances ». Je compatis à sa situation. La mienne non plus n'était guère reluisante. Je lui fais croire que je suis journaliste très mal payé dans un petit canard. Il eut presque la larme à l'œil. Je n'allais quand même pas lui révéler que j'étais prof dans un lycée avec un héritage sur les bras, qui me vaut quelques problèmes avec mon oncle. J'ai appris de ma mère qu'il faut toujours se situer au niveau de ses interlocuteurs moins nantis pour ne pas susciter la jalousie ou la frustration. « Se mettre au niveau des autres est l'apanage des cœurs purs », répétait souvent maman. Même si les conditions de vie de Zemit sont difficiles, il ne se plaint pas.

– Je suis heureux avec ce que Dieu a bien voulu me donner, lâche-t-il, stoïque, dans un rire bruyant et l'indifférence générale. Aucun consommateur n'a tourné son regard vers nous. Son rire est si habituel qu'il doit faire partie du décor. Toujours est-il que retrouver un ancien voisin, même si je ne me rappelle plus de lui, me fait vraiment plaisir.

Après cet échauffement, j'en viens à l'essentiel, mais d'une manière détournée :

– Tu habites toujours Laâqiba ?

Il rit encore en me répondant qu'il a déménagé à l'Indépendance pour un appartement juste en face. Je m'exclame, admiratif :

– Ah, quelle chance ! C'est, je crois, l'immeuble où habitait Camus, non ?

Il me répond avec empressement, non sans fierté :

– Et comment ! J'habite l'appartement même de Camus ! Ah, vous les journalistes, vous savez tout !

Fier de sa maison comme on pourrait l'être d'un fils brillant, il ajoute :

– C'est ici que Luchino Visconti a tourné *L'Étranger*, dans ma maison même. J'ai eu l'honneur de le côtoyer ainsi que Mastroianni durant tout le tournage, deux grands messieurs avec une classe incroyable… On aurait dit des footballeurs du Mouloudia ! Viens, je vais te faire visiter la maison.

J'allais payer sa consommation, il me répond que c'est réglé d'avance. Sur le large trottoir en face de l'immeuble du 124, je décide d'informer, un peu gêné tout de même, mon ancien voisin sur la confusion dans laquelle je suis à propos de l'appartement qu'il occupe : Camus parle d'un immeuble à un étage avec des fenêtres et non deux étages avec de grands balcons comme le sien.

Il toussota et me regarda perplexe.

– Si on a tourné le film *L'Étranger* ici, c'est sans doute parce que l'appartement a été identifié comme celui de Camus. Et puis, je reçois la visite de beaucoup de journalistes et de personnes qui n'ont aucun doute, eux.

Je perçois un peu d'amertume dans ses propos. En mettant en doute sa parole, c'est comme si je voulais délocaliser Camus de chez lui. J'étais confus. J'allais m'excuser, il s'agissait de ne pas le vexer, quitte à poursuivre mes recherches ailleurs, quand il s'exclama :

– Tu sais comment il a été identifié ? Grâce à l'acte de baptême de Camus qui a été établi à cette adresse par l'archevêque Parin.

– Magnifique, tu aurais pu me le dire avant ! Si l'acte de baptême de Camus mentionne cette adresse, il n'y a plus rien à dire !

Je vis à son large sourire qu'il était soulagé. Camus si important à ses yeux ? Ce sont sans doute les premiers visiteurs qui le lui ont fait connaître. Pourquoi tient-il donc à ce que sa maison soit coûte que coûte celle de Camus ? J'eus la réponse tout de suite après.

– Comme je reçois beaucoup de monde qui me dérange à toute heure du jour et parfois même de la nuit pour visiter l'appartement, j'ai proposé à des visiteurs français de le leur vendre. Je n'ai reçu aucune réponse.

Mon cœur se serra. C'était donc ça : il voulait vendre son appartement au meilleur prix. Avec le label Camus, cette maison vaut son pesant d'or. Sans l'auteur, ce n'est plus que béton et pierres. Après avoir discuté de tout et de rien pendant une bonne dizaine de minutes, je le quittai en prétextant un rendez-vous.

– Mais tu n'as pas visité l'appartement de Camus, s'inquiéta-t-il.

Je lui répondis que j'étais le premier désolé, mais faute de temps, je devais partir. Sa mine était si triste que j'ajoutai pour le consoler :

– Je reviendrai bientôt pour avoir le plaisir de te revoir. Alors, tu me feras l'honneur de me faire visiter cette maison historique où a vécu Camus.

Je n'étais pas convaincu. Dès que je compris que ses propos étaient motivés, en arrière-plan, par l'argent, le mystère du 124, rue Belouizdad fut levé : c'est le propriétaire lui-même qui a sans doute fait accréditer l'idée, après le tournage du film *L'Étranger*, que c'était l'appartement de Camus.

Je décide alors de faire mon enquête seul en remontant la rue de Lyon à la recherche d'un immeuble à un étage et sans balcon. S'il existe toujours, je ne peux pas le rater.

14

Tout en marchant, yeux rivés vers le haut pour ne rater aucun immeuble sur les deux rives, je ne peux que constater la détérioration du cadre bâti. J'arrive au niveau du cinéma Roxy qui m'impressionnait jadis par sa façade art déco et son fer forgé. C'était le cinéma le plus chic de Belcourt. Il ressemblait à un temple mythique du septième art. Quand j'étais adolescent, à chaque fois que je voyais un film, je croyais que toutes les scènes, tous les acteurs étaient réels : ils apparaissaient et disparaissaient derrière l'immense écran blanc. J'aurais bien aimé les rejoindre dans les coulisses. D'instinct, je savais qu'on ne me le permettrait jamais. Ses fauteuils étaient si confortables qu'il m'arrivait souvent de m'assoupir avant la fin de la projection. Mon ami Ghani me réveillait à chaque ronflement en me poussant du coude. Je le regardais longuement. Il fait partie de mon enfance et de ma jeunesse. Même après avoir emménagé à Hydra avec ma famille, je revenais souvent au Roxy. Il y avait aussi le Musset, le Caméra, le Mondial, le Ritz qui se trouvait juste à côté du Roxy, à la rue de l'Union qui fait coude avec la rue de Lyon. On ne ratait aucun film de vampires, aucun western. On passait d'un cinéma à un autre pendant les vacances d'été, une fois la quinzaine, pour raisons financières.

Le Roxy est fermé. Il n'en reste que des lézardes béantes. Je traverse la rue pour le contempler de plus près, le cœur un peu lourd, inondé par mes souvenirs d'enfance. Je m'approche d'un vieil homme adossé à un mur défraîchi. Après l'avoir salué, je lui demande pourquoi le cinéma est fermé. Il me regarde avec de gros yeux comme si j'étais un Martien.

– Mais où vivez-vous, mon bon monsieur ? Il est fermé depuis une dizaine d'années pour des travaux de rénovation et personne ne s'en inquiète. Vous êtes bien le premier. Et croyez-moi, il faudra attendre longtemps avant de le voir rouvrir ses portes.

Avec le même air paisible de l'homme averti qui veut éviter une perte de temps inutile à son prochain, il marmonna :

– Ne cherchez pas ailleurs, tous les autres cinémas connaissent le même sort. Du Ruisseau à la place du 1er Mai, il n'y a plus aucun cinéma ouvert ! Le Mondial est même devenu une supérette, vous vous rendez compte !

Et il se pinça le nez. Comme un flash, ce tic me rappela un personnage de mon enfance. Je scrutai son visage. Sous les traits vieillis, fatigués, rancis par l'âge et les épreuves, je crois reconnaître l'ouvreur avec sa lampe qui nous indiquait dans la pénombre nos sièges. À l'entracte, il passait avec sa table de glaces et de bonbons. Quand il parlait, entre deux phrases, il se pinçait le nez, ce qui nous ravissait. Il a vieilli, mais son tic est resté. À coup sûr, il l'emportera dans sa tombe. Je ne lui dis rien. Je n'allais pas lui rappeler l'Algérie socialiste où tout était magnifique, même les pénuries. Je le saluai et continuai mon chemin.

Si le terrorisme a détruit beaucoup d'Algériens, semé le malheur et la tragédie, à quoi pourrait-on imputer la fermeture des cinémas ? J'ai mon idée sur la question. Ceux qui ont le pouvoir n'ont pas de culture, et ceux qui ont la culture aux tripes n'ont pas de pouvoir.

Mon pied piétine quelque chose de mou, si bien que je manque glisser. Horreur, c'est un gros rat mort. À trop regarder vers le haut, on ne voit pas trop où l'on met les pieds. Brusquement, mon regard est accroché par un immeuble du côté impair. Il n'a qu'un étage avec des portes-fenêtres que j'entrevois derrière des arbres qui me semblent être des ficus. Je tremble d'émotion devant cette modeste bâtisse. Se pourrait-il que ce soit la maison de Camus ? Je traverse la rue, mon cœur cognant fort dans ma poitrine. Je cherche le numéro. C'est le 93. Sous l'immeuble, il y a un marchand de tissus, un photographe et un coiffeur. Auprès de qui vais-je m'informer ? Je passe devant le marchand de tissus, je ne vois à l'intérieur que de jeunes hommes. Idem pour le coiffeur que j'entrevois à travers la vitrine : il ne doit pas dépasser la trentaine. Vu leur âge, je les élimine d'office. Je connais assez les jeunes d'aujourd'hui pour savoir qu'à part le foot, la food, la plupart d'entre eux ne connaissent rien à la littérature. Alors, m'informer sur Camus, autant chercher un Chinois au milieu d'un million d'Asiatiques…

Il me reste le photographe que je ne peux distinguer derrière une porte aux vitres teintées. Je décide de tenter ma chance. La porte franchie, je découvre un septuagénaire à la bonne bouille ronde. Ouf, je suis soulagé. La chance est sûrement de mon côté. Comme le vieil homme a l'air renfrogné avec des yeux indéchiffrables derrière de gros verres, je décide de prendre une photo minute, juste pour le mettre dans de bonnes dispositions. Clic-clac, les photos prises et remises en moins de cinq minutes. Sur la photo, j'ai l'air ahuri, et même un peu abruti. Sans doute à cause du flash qui m'a aveuglé.

– C'est toi tout craché. C'est une photo parlante…, dit le

vieux photographe, répondant sans doute à mon froncement de sourcils.

Je le remercie pour la qualité de la photo. Il me sourit.

– Plus de cinquante ans de métier, mon fils !

La discussion engagée, il ne me reste plus qu'à manœuvrer adroitement pour avoir les informations désirées. D'expérience, je sais que les vieilles personnes aiment se confier, notamment aux plus jeunes. Après l'avoir félicité, je demande :

– Donc cela fait longtemps que vous êtes ici…

– … Depuis le 1er juin 1945. J'ai commencé comme apprenti à tout faire chez M. Rodriguez. Au bout de quelques années, j'ai appris le métier.

Je jubilais. Sous des dehors assez rébarbatifs, l'homme est avenant et bavard. J'entends en profiter. Je lance à tout hasard :

– On m'a dit que l'appartement du haut avait été habité par un grand écrivain, un certain Camus…

Il hoche la tête. Puis, calmement, comme si la nouvelle qu'il allait me donner avait peu d'importance :

– C'est exact. C'est ici qu'il a grandi dans les jupes de sa grand-mère la vieille Sintes, une Espagnole qui a recueilli sa fille, veuve, avec son aîné Lucien et le petit Albert.

– Vous en savez des choses, dis-je admiratif, le cœur battant de joie devant cette bonne nouvelle. Enfin j'ai repéré la maison de Camus !

– Tu sais, à Belcourt, ceux de la rive nord, c'est-à-dire les nôtres, savaient tout sur ceux de la rive sud, les Européens. Nous, on les surveillait, eux nous ignoraient. On était tous des Mohamed et des Fatma.

Voyant mon interlocuteur très prolixe, je décidai de lui poser toutes les questions que j'avais en tête.

– Vous avez connu l'écrivain ?

Il ajusta ses lunettes et me répondit sur le même ton égal :

– À vrai dire, quand j'ai commencé à travailler ici, il était déjà parti vivre en France. Mais à chaque retour, il venait faire un brin de causette avec mon patron qui le connaissait très bien.

C'était un homme très gentil, très aimable. Il me faisait rire car il ressemblait à Fernandel… On parlait surtout football, il avait joué au Racing universitaire d'Alger comme gardien de but…

Il me regarda comme s'il essayait de se rappeler un détail. Je m'attendais à ce qu'il me dise qu'il me ressemble, mais il n'en fit rien. Peut-être ne voit-il pas bien ou tout simplement parce qu'il ne me trouve aucune ressemblance avec l'auteur de *L'Étranger*. C'est vrai que les hommes sont souvent moins bons observateurs que les femmes. En général, le regard des hommes glisse sur les personnes, celui des femmes s'accroche pour situer, comparer et mémoriser. Dans chaque femme se cache souvent un inspecteur de police, un juge ou un avocat au grand cœur. Tout dépend de la relation qu'elle entretient avec vous. Je le flatte pour mieux le faire parler cette fois-ci du sujet qui m'intéresse.

– Je suis vraiment heureux de connaître un homme qui a fréquenté Camus…

Puis j'ajoute à brûle-pourpoint :

– On m'a dit qu'il avait été marié à une Algérienne…

J'allais exprès sur une fausse piste pour le pousser à me dire tout ce qu'il savait sur Camus et les femmes.

– Camus, l'époux d'une Algérienne ? Jamais de la vie ! Tu sais, même à Belcourt où il n'y avait que de petits Blancs, on ne se mélangeait pas avec eux. Eux-mêmes étaient tenus à distance par les Français des beaux quartiers. Mon patron n'avait aucune estime pour les bourgeois de ces quartiers. Il les appelait « les rois fainéants ».

J'avais anticipé la réponse. Quand bien même Camus aurait-il eu une amie « indigène », il ne l'aurait jamais ramenée à sa mère. Mon interlocuteur s'est tu. Par curiosité, je le relance sur les femmes qu'il a vues avec l'écrivain.

Il sourit et me dit :

– Ah, oui ! J'ai oublié… Avec l'âge, ma mémoire commence à me jouer des tours… Pour en revenir à ta question, je l'ai toujours vu avec la même dame, une belle femme aux traits légèrement asiatiques. Je crois qu'elle s'appelait Francine. En tous les cas, elle venait rarement avec lui quand il visitait sa pauvre mère…

Intrigué, je lui demande pourquoi il qualifie sa mère de pauvre.

– Ah ! Elle était presque muette et sourde. C'était une femme silencieuse, tout le temps vêtue de noir… Quand il faisait beau, les nuits d'été, je la voyais parfois à la fenêtre de son appartement. Elle me faisait un petit sourire timide… Quand on se croisait, elle me saluait avec des mots inaudibles. C'était une brave femme, pauvre comme nous.

J'acquiesçai. Il poursuivit, intarissable :

– Tu sais, à Belcourt, il y avait le petit peuple des pieds-noirs. Le petit Camus détonnait par son élégance et sa courtoisie. C'était un grand monsieur ! La dernière fois que je l'ai vu, c'est vers la fin des années cinquante, en pleine guerre. Il m'a paru soucieux et nerveux. Après avoir discuté quelques minutes avec M. Rodriguez, il est venu vers moi et m'a dit : « On est bien ensemble, hein, Kader ? » J'ai répondu machinalement : « Oui, très bien, M. Camus, sans très bien comprendre la signification de ses propos. » J'ai été étonné qu'il connaisse mon prénom. Je n'étais pas une personne anonyme, j'existais pour lui. Après son départ, mon patron m'a appris que M. Camus était devenu un grand écrivain qui avait gagné un grand prix. Il était devenu, pour lui, la fierté de l'Algérie.

Il s'arrêta net, braquant ses petits yeux sur moi.

Tu es journaliste ?

– Oui, ça se voit tant que ça, oncle Kader ?

Je vis sa mine se détendre. Visiblement, il a apprécié que je l'appelle par son prénom. J'ai appris instinctivement cette technique au contact des employés nonchalants des mairies. En dépit d'une longue queue devant leurs guichets, ils travaillaient à un train de sénateur.

En les observant, j'ai constaté qu'ils deviennent d'une réactivité extraordinaire quand ils ont affaire à une personne qu'ils connaissent. Il faudrait donc que je joue à l'ami. Il me suffisait d'établir une relation de connivence en saluant les préposés aux guichets par leur prénom que j'aurais pris soin de saisir en tendant l'oreille. Grâce à cette technique, j'étais accueilli aimablement tout en ayant les papiers demandés dans un minimum de temps. Repéré par les employés à qui j'avais affaire, je pouvais même me permettre de ne pas faire la queue. Je n'use de cette astuce que rarement et avec beaucoup de répugnance. Je sais que c'est un manque de civisme. Mais comment rester civilisé quand tout le monde se piétine ?

Le vieil homme me demande si je suis déjà venu dans son studio. Je lui réponds que non. Il s'étonne :

– Tu connais mon prénom, comment se fait-il ?

Je souris. Il a au moins osé me poser la question. Généralement, les personnes que j'appelais par leur prénom faisaient mine de me connaître.

– C'est vous-même qui m'avez donné votre prénom en me parlant d'une discussion que vous auriez eue avec Camus.

– Ma mémoire commence à flancher sérieusement… On parlait de quoi, mon fils ?

– Je vous demandais si ça se voyait tant que ça que je suis journaliste…

– Bien sûr que ça se voit, à vue de nez. Tu es comme Camus.

– C'est-à-dire…

– Lui aussi était journaliste.

La transition parfaite pour aborder la question de ma visite.

– Justement, pour les besoins de mon article, je souhaiterais visiter le domicile de Camus…

Il leva les bras au ciel.

– Je n'y peux absolument rien. Les anciens propriétaires sont partis, d'autres les ont remplacés, avec barbe et nikab. Le père tient un commerce de pièces détachées juste en face. Allez le voir, mais pas de ma part, on ne se parle pas. Figure-toi qu'il m'a demandé de prendre en photo une femme recouverte des pieds à la tête, en ajustant seulement l'objectif de l'appareil au hasard… Tu as une idée de l'intelligence du gars !

Je ne pus me retenir de rire à cette histoire. Le photographe était heureux de me voir hilare. Il répétait :

– Hein, elle n'est pas mal, celle-là… Elle n'est pas mal mon fils… Vis et tu verras… Si au moins la femme avait une belle silhouette. On aurait dit une vache, alors sa tête doit être celle d'un éléphant…

J'étais surpris par cet humour vache, insoupçonné chez cet homme qui me paraissait d'une bonté infinie. Je ris quand même pour l'encourager à poursuivre. Ce qu'il fit :

– Je l'ai envoyé balader en lui disant qu'on n'était pas dans un film indien ! Il est parti furieux. Depuis, il m'évite…

J'ai pris congé avec regrets du loquace photographe. Des hommes comme lui, à la fois naïfs, bons, simples et caustiques, on en croise de moins en moins en Algérie. Il ne reste que les boules de nerfs, prêtes à vous exploser en pleine figure. Les fils de « l'Algiraie », différente de notre Algérie. Si j'étais essayiste, j'aurais écrit volontiers un livre que j'intitulerais : *Comment l'Algérie est devenue l'Algiraie.*

Et j'aurais tenté d'expliquer comment l'Algérie du civisme, de la courtoisie, de l'entraide et de l'hygiène s'est transformée en Algiraie de l'opportunisme, de l'affairisme, de la perte des valeurs et des détritus.

Même si j'avais une folle envie de visiter l'appartement de Camus, je savais que c'était peine perdue. Un homme qui cache sa femme cache aussi son appartement. Je ne verrai donc ni la pièce où dormait Camus ni la rampe d'escalier infestée de cafards dont se rappelait avec horreur l'écrivain dans son essai. En passant devant le magasin de pièces détachées, juste sous l'appartement de l'écrivain, un homme, la quarantaine bien sonnée, m'apostrophe :

– *Kho*, tu cherches à visiter la maison de l'écrivain français ?

Vu de près, avec ses sourcils froncés, il ne paraît pas sympathique. Je réponds, surpris par la manière, que je veux bien.

– Mille dollars et je te fais visiter l'appartement !

J'ouvre de grands yeux devant cette étonnante proposition. Je sors l'arme qui m'a si bien réussi jusque-là :

– Je suis journaliste !

Il me toise d'un air méprisant.

– Que veux-tu que ça me fasse que tu sois journaliste ou même ministre ?

La violence des propos me laisse sans voix. Un autre l'aurait sans doute remis à sa place. Comme je suis d'un naturel débonnaire, je me suis tu, attendant la suite. Il éclate de rire, me tapote le dos amicalement et tonitrue devant ses comparses qui venaient juste de le rejoindre du fond du magasin :

– Vous les anciens, vous êtes vraiment sages, j'aurais tenu le même langage à un jeune d'aujourd'hui, il m'aurait sauté à la gorge…

Il redresse sa poitrine comme un lutteur prêt à en découdre, jette un coup d'œil à ses amis et enfle sa voix :

– Mais il aurait reçu la correction de sa vie ! Je m'excuse de la manière un peu brutale de te parler, mais j'en ai marre de voir des intellos et des étrangers rôder autour de la maison de l'écrivain comme devant la Qaâba à La Mecque. Ce n'est pas un prophète, à ce qu'on sache, il n'est qu'écrivain, après tout…

Je voulais lui répondre que l'écrivain est une sorte de prophète d'aujourd'hui, mais je n'ai rien dit. Il ne comprendrait pas, peut-être considérerait-il mes propos blasphématoires. Sa mise au point a eu pour effet de me dégeler. Je lui dis spontanément, sans penser aux conséquences :

– Si je vous avais dit OK pour les mille dollars, m'auriez-vous permis de visiter la maison de l'écrivain ?

Il s'exclama en prenant à témoin ses amis :

– Jamais de la vie, cheikh ! Les gens qui habitent en haut nous étriperont tous ! Ils ne sont pas commodes, crois-moi. Les mille dollars c'était juste pour connaître le prix de ton amour pour le Français…

– Le connaissiez-vous ?

Il éclata carrément de rire, suivi par ses compagnons qui avaient l'air, avec leur bonne face circulaire et leur embonpoint, de maquignons ayant mordu jusqu'à la moelle dans la croupe de notre belle Algérie.

– Tu me prends pour un vieux de ton âge ou quoi ? Je n'ai même pas quarante ans…

Il me qualifie de vieux, ce qui a pour effet de me refroidir. Je garde bonne figure pour ne pas m'exposer à son rire ou à ses quolibets.

– Je ne voulais pas dire si vous l'aviez connu physiquement, mais si vous aviez entendu parler de lui…

– Bien sûr que j'ai entendu parler de lui, je ne suis pas comme ces jeunes de Belcourt qui ne savent rien sur l'histoire de leur quartier… Je vais te dire plus : mon père connaissait très bien l'écrivain. Ils prenaient chaque matin aux aurores le tramway pour Alger, chemin faisant, ils échangeaient quelques mots. Selon ce que m'a dit mon père, l'écrivain était lycéen au Grand lycée d'Alger, aujourd'hui le lycée l'Émir…

– Donc ils étaient amis…

– Je ne sais pas si un cireur pouvait devenir ami avec un françaoui, je dirais plutôt que le futur écrivain a eu pitié du petit cireur qui se levait aux aurores pour cirer les chaussures des fonctionnaires et autres agents de l'administration…

– Une fois devenus grands, se sont-ils revus ?

– Non, ils se sont perdus de vue, mon père est devenu marchand ambulant de fruits et légumes, et l'écrivain est, paraît il, parti vivre en France.

– Je peux rencontrer votre père ?

Il eut un mauvais sourire sur ses lèvres épaisses.

– Si tu peux communiquer avec les morts…

Son visage se ferma et il me dit brusquement, comme si le sujet commençait à le lasser :

– Mais à la fin, pourquoi toutes ces questions ? Il n'est pas monté sur la Lune à ce que je sache, ton Camus !

Je ne pouvais pas lui répondre qu'aux yeux de ses lecteurs il avait fait plus qu'Armstrong. Mais comme je ne voulais surtout pas engager une polémique avec mon interlocuteur, je décidai de répondre sur le registre du bon petit soldat.

– C'est vrai, il n'est qu'écrivain, mais que voulez-vous, le directeur du journal m'a demandé un article sur lui et je ne peux faire autrement…

– Dans ce cas, tu lui dis que l'écrivain a déménagé, cheikh !

Pris d'un fou rire dont l'origine me paraît bien mystérieuse, il se tourna vers ses compagnons qui s'esclaffèrent à leur tour en me regardant comme si j'étais un clown.

Je pris congé d'eux.

Je m'arrêtai à une centaine de mètres environ de l'immeuble où habitait Camus de façon à le contempler sans risquer d'être remarqué. Je l'imaginais à la fenêtre, pauvre orphelin, fixant les tramways qui défilaient sous ses yeux dans un bruit assourdissant qui faisait vibrer la maison. Pensait-il alors au fabuleux destin qui l'attendait, la célébrité, le Nobel d'un côté, et de l'autre la guerre d'Algérie qui déchirait le pays qu'il aimait profondément, le déchirant lui-même encore plus profondément ? Je suis soulagé, je ne peux le cacher, de découvrir un Camus sympathique dans la bouche de Boualem, de son amie Fadéla, ainsi que du vieux photographe.

En marchant sur les traces de Camus, j'ai l'impression de mieux le connaître. Est-ce que je commence à m'attendrir sur un homme qui pourrait être mon père biologique ? Je ne crois pas. J'essaye seulement de mieux connaître cet écrivain de talent, humaniste et fragile, pris dans la tourmente de la guerre d'Algérie. Plus je me rapproche de lui, plus il s'éloigne. Quand j'arrive à mon véhicule, il est déjà 17 h 30. Connaissant l'éternel problème des embouteillages, j'ai juste le temps de prendre la route du restaurant le Targui, situé à Dély Ibrahim, dans la cité Ginounou, nom bizarre que je n'ai jamais pu décrypter.

Le Targui est l'un des restaurants les plus réputés d'Alger et l'un des plus chers aussi, cela va de soi. Étrange que Sarah

Rabia et son fiancé m'invitent dans ce restaurant où le Tout-Alger aime être vu. Moi j'aurais choisi un endroit plus discret. Le plaisir que j'éprouve à l'idée de passer une bonne soirée avec le couple est atténué par la grande fatigue qui me plombe. Une journée sur les traces de Camus aurait même épuisé les plus aguerris. Je me serais volontiers excusé s'il n'était pas trop tard pour le faire. J'en viens à regretter, avant même le dîner, les soirées familiales devant la télé, entouré de mon épouse et de mes enfants. Entouré est un bien grand mot puisque ma femme est dans la cuisine jusqu'à vingt-deux heures environ, Sophia dans sa chambre en train de réviser et Tarek derrière son ordinateur ou ses pinceaux. Face à la télé, il n'y a que moi et les bizarreries de ma fille qui pointe le bout de son joli nez pour me dire : « Grand-père est beau ! Il est plus beau que toi ! » avant de repartir dans sa chambre. Chaque soir, j'ai droit au même scénario. Elle a la régularité d'un perroquet qui répète toujours les mêmes phrases. On a beau essayer d'avoir des explications sur cette manie, elle répond toujours : « Je trouve que grand-père est beau, voilà tout ! » Son goût de la contradiction et de la provocation la pousse sûrement à nous narguer avec son grand-père qui n'est pas, c'est le moins qu'on puisse dire, un modèle pour le reste de la famille. Au fil du temps, cette sortie de Sophia est devenue une habitude. Quand elle n'apparaît pas comme un coucou sortant de sa boîte, je sais qu'elle doit être assoupie, fatiguée par les cours démentiels qu'elle suit. Maintenant que mon père n'est plus là, je suis curieux de voir la suite du manège de Sophia.

Finalement, je suis du genre pantouflard. Je ne quitte la maison que pour le lycée, et le lycée pour la maison. Boulot, télé, lecture, dodo. Ma conception du bonheur se résume à une soirée familiale. Ce qui pourrait être normal pour certains est un miracle pour moi. Soudain, j'ai peur que le miracle prenne fin. Cette peur qui ne me quitte jamais. D'ailleurs tous les Algériens d'avant l'Algiraie ont peur : de Dieu, du colonialisme, du terrorisme, du pouvoir, du malheur, de blesser leur prochain, de manquer de pain… Ou peur tout simplement que leur bonheur – ou ce qui en tient lieu – ne dure pas. Nous vivions dans la peur. Aujourd'hui, les enfants de l'Algiraie n'ont peur de rien. Ils ont toutes les audaces. C'est peut-être ce qu'on appelle l'énergie du désespoir.

15

J'arrive au Targui à 19h30, c'est l'heure fixée par mademoiselle Sarah. Je pénètre avec quelque hésitation dans une sorte de palais des Mille et Une Nuits, lumière tamisée et décor mauresque ; un bar à gauche et des canapés arabes à droite. Je distingue quelques ombres fumant le narguilé, les arômes donnent un air de volupté à l'ambiance très orientale. C'est un lieu pour couples et non pour un trio. Je me sens déjà de trop. Le maître d'hôtel m'accueille avec un sourire figé. Même quand ils veulent être aimables, les serveurs ne savent pas l'être : ils offrent une grimace au lieu d'un sourire. Manque de formation sans doute. Manque d'éducation aussi.

– Monsieur a réservé une table ? me demande-t-il d'un air snob en me scrutant des pieds à la tête.

Je lui réponds que je suis attendu par une amie, mademoiselle Rabia. Le sourire figé se décrispe en largeur et en hauteur avec vue sur sa dentition de cheval. Il me fait signe de le suivre avec déférence. Je comprends que mon hôtesse est une habituée qui doit laisser de forts pourboires. On passe entre des canapés où des couples tirent sur leurs narguilés les yeux mi-clos, éclairés seulement par des cierges. Tout n'est que chuchotement et parfums. Suis-je bien à Alger ou dans une capitale orientale ? L'homme me conduit à une table un peu isolée où je remarque Sarah toute seule. Point de fiancé. Sans doute se fait-il attendre. Elle se lève, toute souriante, main tendue :

– Ah ! Que je suis heureuse de vous voir ! J'avais peur que vous ne changiez d'avis à la dernière minute…

Je lui réponds avec le sourire :

– Moi aussi je suis très content de vous revoir… Mais pourquoi aviez-vous peur que je ne vienne pas ?

Elle ne répondit pas tout de suite. Elle me regardait d'une curieuse façon. Il y avait de la bienveillance et même, je crois, un peu d'amusement dans son regard par ailleurs si sévère et si aérien au lycée. Ses yeux bleus paraissent recouverts d'un voile de soie qui les adoucit. C'est le même visage, mais pas la même femme. Différente en tous les cas. Chemise blanche de pilote et pantalon beige, elle me rappelle Grace Kelly dans *Mogambo*, un de mes films préférés. Elle a d'ailleurs, avec l'actrice, la même classe qui en impose. Moi, je n'ai rien de Clark Gable. Comment a-t-elle su que j'adorais ce genre de tenue à la fois chic et sport ? Allons, allons, Nabil, tu te prends pour le nombril du monde ou quoi ? Hasard, tout simplement hasard.

– Vous savez, pour moi les hommes sont souvent imprévisibles, changeants… Comme je ne vous connais pas du tout, je ne sais pas à quelle catégorie vous appartenez… Donc, tous les scénarios sont envisageables. Penser au pire est tout à fait normal, dit-elle d'une voix beaucoup plus posée que celle de la collègue de lycée.

Le maître d'hôtel vient prendre les commandes.

– Je sais ce que madame désire, tout poisson, n'est-ce pas ?

Elle lui répond d'un sourire. Comme je n'ai rien compris à la carte et que je ne mange pas de poisson tous les jours, je fais le galant en commandant le même menu que mon hôtesse. J'allais demander de l'eau minérale quand elle commanda un Martini blanc, j'opte pour un Chivas avec beaucoup de glaçons. Gêné de me retrouver en tête-à-tête avec elle, je demande :

– Mais dites-moi, on aurait pu attendre votre fiancé, non ?

Elle éclata de rire en baissant la tête comme un enfant pris en faute et dit :

– Mais mon fiancé est en voyage ! Il est à cinq mille kilomètres d'ici ! Je n'allais quand même pas le faire revenir juste pour être à trois…

Je reste perplexe. Une bouffée de chaleur prend possession de mon corps. J'ai chaud, j'étouffe presque, mon cœur se met à battre très fort. Je pense à Warda. Si quelqu'un me surprend, adieu femme et famille. Warda demandera le divorce illico presto. Elle ne croira jamais que je suis tombé dans un traquenard. Je lui ai parlé d'un dîner avec Ghani, rien que Ghani sans l'ombre d'une femme. Je suis assis sur des charbons ardents. Je n'ai qu'un désir : partir le plus vite possible, quitter ce restaurant et cette femme. Je tourne la tête dans tous les sens, au cas où je reconnaîtrais quelque visage, mais la lumière ne me permet de distinguer que des silhouettes et des ombres. Ayant sans doute remarqué mon trouble, Sarah s'excuse avec une mine de chatte jouant à la pelote :

– Je vous ai menti, oui c'est vrai. J'étais sûre que vous ne viendriez pas si je vous disais que je serai seule. Je sais quel genre d'homme vous êtes, on me l'a dit…

Elle se tut quelques instants pour me laisser sans doute me pénétrer de la saveur de ses mots, avant d'ajouter avec un air averti :

– Un autre aurait sauté sur l'occasion de se retrouver en tête-à-tête avec une fille qui n'est pas mal, vous c'est différent…

Je pris une gorgée de Chivas. Je me sens plus apaisé. Je pense à Hicham Boubi, c'est sans doute lui la grande gueule qui l'a briefée sur mon compte. Qu'a-t-il bien pu lui raconter d'autre ?

Elle poursuivit comme si elle m'avait entendu :

– Rassurez-vous, on ne m'en a dit que du bien : sérieux, d'une très grande droiture morale et d'une grande culture. Que même quand vous avez été accusé injustement de harcèlement par une de vos élèves, vous n'avez jamais voulu rédiger de rapport sur elle alors que le directeur, qui en était fou, voulait vous licencier. Tout le monde a admiré votre dignité, votre courage, votre réserve lors de cette pénible affaire. Vous êtes devenu un exemple pour beaucoup de collègues…

Elle parlait subitement avec fougue, le rouge aux joues, comme si elle était concernée. En évoquant cette histoire, elle a réveillé de pénibles souvenirs vieux d'une dizaine années. Une élève de terminale a eu la mauvaise idée de s'amouracher de moi. Elle m'envoyait des billets doux, m'attendait à l'extérieur… Elle trouvait n'importe quel prétexte pour se frotter à moi. Fatigué par son manège, je l'ai menacée de sanctions. Je crus bien faire. À ma grande surprise, et en bonne comédienne, elle a éclaté en larmes en courant vers le bureau du directeur. Je savais que celui-ci n'allait pas me rater, car la fille le rendait dingue. Elle m'a qualifié de satyre la harcelant sans pitié, la menaçant des pires sanctions si elle ne cédait pas. Sur instigation de son soupirant, elle fit un rapport accablant sur moi. Heureux de montrer son pouvoir à celle qu'il voulait séduire, le directeur demanda ma tête à l'académie. J'ai traversé une période terrible en faisant bonne figure. J'attendais, la peur au ventre, la décision de licenciement avec toutes les conséquences pour ma réputation. Je ne pensais même pas au chômage, mais aux ragots qui ne manqueraient pas d'arriver aux oreilles de mes enfants. Je les imaginais moqués et houspillés par leurs camarades. Bien entendu, j'ai tout dit à Warda et à ma mère à qui je ne cachais rien. Mon épouse me conseilla de saisir la presse indépendante en cas de nécessité. Ma mère m'assura que je n'avais aucun souci à me faire, Dieu qui voit tout ne me laissera pas tomber. Dieu l'a entendue. Ce sont mes accusateurs qui furent sanctionnés, par le ministre lui-même à ce que j'ai entendu. Tous mes collègues ont pensé que j'étais pistonné.

Il n'en est rien. Je ne connais personne de bien placé, susceptible de défendre ma cause. J'ai fini par croire que les prières de ma mère avaient été entendues. Depuis ce « miracle », j'aime à penser que tout n'est pas pourri dans ce pays. Il y a toujours quelque part des hommes et des femmes de bonne volonté. Pas toujours aux postes de décision, hélas.

La deuxième gorgée de Chivas eut un goût de miel sur ma langue. Une douce béatitude m'envahit. Je me sentais bien. Le whisky agit toujours très rapidement sur moi. Il a un effet euphorisant. Je regarde Sarah. Je ne vois, à la lueur des bougies, que ses yeux bleus semblables à une mer calme dont le clair de lune fait miroiter la surface lisse. Elle paraît mystérieuse, énigmatique.

– Pourquoi me regardez-vous de cette façon ? Vous avez peur que je vous mange ? Rassurez-vous, je n'ai jamais encore goûté à la viande d'un prof… C'est peut-être le moment.

Elle remua ses mâchoires comme si elle mastiquait, ponctuant ses mouvements d'un petit rire cristallin. Je ris à mon tour de bon cœur. Adorable, cette fille. Je ne savais pas qu'elle était aussi drôle. Je n'avais rien à lui répondre. J'étais bien et c'était tout. Elle buvait son Martini par petites lampées, une chatte en train de laper son bol de lait. Comme toutes les belles femmes sûres de leur pouvoir sur les hommes, elle prend son temps pour parler. Soudain, comme si elle avait peur d'oublier, elle me dit :

– Tout à l'heure au lycée vous me donniez l'impression de vous intéresser à Camus. Vous l'aimez, Camus ?

Je fus surpris par cette question sans lien avec notre discussion. Je répondis franchement :

– Oui, beaucoup, même si sa phrase sur la justice et sa mère est un peu ambiguë… Je sais bien que cette phrase a été sortie de son contexte, mais elle est quand même troublante…

Je savais que je tombais dans les lieux communs. Mais il fallait bien montrer à mon interlocutrice que mon admiration pour Camus n'était pas inconditionnelle.

Elle m'observait en silence. Son visage restait impassible. J'attendais sa réaction. Elle vint calmement, sous forme de constat en forme de question.

– Cela veut-il dire que vous êtes prêt à rejoindre le camp des anti-Camus ?

Je réagis vivement :

– Pas du tout… Malgré toutes les horreurs dites sur lui, je l'estime toujours et je peux même dire que j'éprouve une sorte de tendresse pour lui…

Au moment même où je lâchais le mot tendresse, je me disais que j'y allais un peu fort. C'est sans doute l'alcool qui me rend si affectueux. Sarah ne m'a pas raté…

– Comment expliquez-vous cette tendresse alors que pour vous il n'était pas de notre côté ?

– Franchement, je ne sais pas. Je veux dire que je me sens proche de lui comme on est proche d'un homme bon et humain qui a beaucoup aimé notre terre, même s'il n'a pas pris ouvertement position pour son indépendance.

Forçant le trait, j'ajoute d'une voix vibrante d'émotion :

– Quand j'ai lu *Noces* et *Retour à Tipasa*, j'ai pleuré. Camus a interprété mes sentiments comme s'il était au fond de moi. Seul un fils de cette terre peut écrire ce qu'il a écrit avec un tel amour. Je ne partage pas certaines de ses positions, mais je me refuse à le juger…

Je me suis étonné de la fougue avec laquelle j'ai défendu Camus. Je ne me comprenais pas, moi si réservé d'habitude, je me livre à une étrangère. Depuis que je suis à cette table, je ne fais que parler. Je réalise que j'ai peut-être indisposé mon interlocutrice.

– Je m'excuse d'avoir été trop bavard, je ne suis pas comme ça d'habitude…

Mademoiselle Sarah me regarde, les yeux légèrement voilés comme si elle était ailleurs. Elle rapproche son visage du mien jusqu'à ce que je sente son haleine parfumée.

– Bien au contraire ! J'ai beaucoup apprécié ce que vous avez dit sur Camus et sur les émotions qu'il suscite en vous… Vous n'avez pas honte d'avouer vos sentiments, car par les temps qui courent, il est de bon ton de le fustiger sans le lire… Vous, vous n'êtes pas dupe de ses positions, mais vous ne le jugez pas. Ce que je peux vous dire, c'est que les gens qui ont du courage comme vous sont aujourd'hui rares. Vous comprenez pourquoi je voulais dîner avec vous. Je savais que vous étiez d'une autre espèce…

Ses paroles sonnèrent doux à mes oreilles. Comment lui dire

que cet accès subit de tendresse pour Camus est à mettre peut-être sur le compte de l'alcool qui me rend indulgent plus que je ne le suis en général ?

– Je peux vous appeler Nabil ? Et vous m'appellerez Sarah, murmura-t-elle.

Je balbutiai bêtement tant j'étais surpris par sa demande.

– Heu… heu… oui… Oui, bien sûr !

Elle riait comme si j'avais dit un bon mot.

– J'ai compris votre hésitation, entre nous, nous nous appellerons par nos prénoms, mais au lycée, on sera sages. Vous êtes rassuré ?

J'acquiesce, étonné par cette femme qui me parle sur un ton d'espiègle autorité comme si elle était mon aînée alors qu'elle aurait pu être ma fille.

Elle poursuivit :

– Beaucoup d'Algériens sont trop passionnés par Camus. Pour les uns c'est un ange, pour les autres un démon. On ne veut tout simplement pas comprendre que Camus n'a pas à être jugé comme un écrivain algérien, mais comme un écrivain français d'Algérie. Si on l'aborde dans cette perspective, on verra que c'est un homme qui s'est beaucoup engagé, contrairement à d'autres, contre le système colonial… Vous avez sans doute entendu parler de la série d'articles publiés en 1939 dans *Alger républicain* sous le titre *Misère de la Kabylie*. Il a récidivé également en 1945 dans *Combat* pour dénoncer la violence de la répression contre les Algériens qui se sont soulevés. C'est vrai qu'on parlait à l'époque d'émeutes d'indigènes. N'empêche, il a été l'une des rares voix à s'élever contre cette répression.

Elle se tut, le temps de goûter à son loup grillé. J'en fis de même, étonné par la culture camusienne de mon interlocutrice. Elle commanda son deuxième Martini, j'en profitai pour demander un troisième Chivas. J'allais plus vite qu'elle et j'en étais conscient. Je ne bois qu'occasionnellement et exceptionnellement, jamais en présence de mes enfants « pour ne pas leur donner le goût à ce qui est interdit par la religion », dixit Warda. Ce qui est cocasse, c'est que ni ma chère femme ni moi-même ne faisons la prière. Quant aux enfants, ils ont tellement faim de la vie que s'ils trouvent sur leur chemin de la drogue, de l'alcool, enfin tout ce qui est tabou, ils en useront et abuseront.

Les deux n'ont d'ailleurs que cette phrase : « Dès qu'on aura les moyens, nous prendrons le large. » Ils aiment leur pays, mais préfèrent le laisser aux autres. « Je serai folle d'Alger quand je serai sur une autre rive… », répète inlassablement ma fille au grand désespoir de sa mère. Je bois et je ne fais pas la prière. Il y a quelques années, on l'aurait su, on m'aurait étripé. Même au plus fort de la tragédie, je n'ai pas cédé d'un pouce. Je n'ai pas arrêté de boire et je n'ai pas fait la prière. Je n'ai pas pu simuler pour dissimuler ce que je suis. Je ne fais de mal à personne, sinon à moi-même. Pourquoi laisser les autres me dicter ma conduite ? Ma mère, dont j'ai fait le désespoir à cause de la prière, me disait souvent avec un sourire : « Si tu fais la prière, on se retrouvera un jour, si Dieu le veut, au Paradis. » Je promettais de me prosterner vers la Kaâba. Je n'ai toujours pas tenu ma promesse. Je suis bloqué par quelque chose. J'ai la foi, mais pas celle du charbonnier. Le plus drôle, c'est que Warda me supplie, elle aussi, de m'acquitter de ce devoir de tout bon musulman. Je lui réponds à chaque fois que j'attends qu'elle donne l'exemple. Elle me jurait alors que dès le lendemain elle commencerait. Depuis notre mariage, les lendemains se succèdent au rythme des abjurations et des promesses de Warda. Nous sommes restés rebelles à la prière, ou est-ce la prière qui se refuse à nous ? La seule personne qui ne m'a jamais fait de remarques sur mon devoir de bon musulman est mon père.

Étrange. Me voyait-il seulement ?

Je pris une autre gorgée de Chivas. C'est plutôt paradoxal de penser à la prière au moment où je me conduis comme un parfait mécréant aux yeux des religieux zélés.

La voix de Sarah me surprend :

– Où êtes-vous, beau ténébreux ?

Confus, je m'excuse. Je réalise vaguement que j'ai perdu le

fil de la discussion. Elle me sauve en parlant :

– Je ne comprends pas les Algériens qui s'émeuvent de ne pas trouver dans les romans de Camus *L'Étranger, La Peste*, et même *Le Premier Homme*, des Algériens de souche, à part la victime sans nom de *L'Étranger*. Je dois cependant préciser que dans *Le Premier Homme*, en parlant des Arabes, Camus fait dire à l'un de ses personnages : « Aussi bêtes et brutes que nous, mais le même sang d'homme. » J'y vois la reconnaissance d'un sang différent qui lui paraît fraternel. Pour moi, c'est une avancée, mince il est vrai, par rapport à ses romans antérieurs.

Puis elle s'arrêta brusquement et s'inquiéta avec un sourire à damner un barbu :

– Je ne suis pas trop bavarde ?

Je lui dis que c'est un plaisir que de l'écouter et j'étais sincère. Elle reprit avec la même voix posée, maîtrisée :

– Certains universitaires se disent choqués par cette absence d'autochtones dans ses œuvres, d'autres déçus par cette indifférence. Ces gens-là me font rire par leur ingénuité. Pourquoi veulent-ils que Camus parle des autochtones ? Ils n'existent à ses yeux que comme entité misérable et esclave dont il faut alléger le fardeau de la misère et celui de l'esclavagisme. L'univers de Camus est un univers colonial, mon grand-père qui le connaissait bien me l'a toujours dit…

Son grand-père connaissait Camus ! La nouvelle me sortit de la torpeur dans laquelle le whisky conjugué à la douceur de sa voix avaient commencé à me faire plonger. Je voulais confirmer cette extraordinaire information :

– Votre grand-père connaissait Camus, c'est bien ce que vous m'avez dit ?

Elle répondit avec le sourire d'une femme-enfant :

– Oui, monsieur, c'est bien ce que j'ai dit : grand-père était l'ami de Camus !

Je pris une longue lampée de whisky pour fêter la bonne nouvelle. Et lui dis avec beaucoup d'admiration :

– Eh bien, ça alors ! C'est l'info du jour ! C'est pour ça que vous paraissez si bien informée sur l'écrivain…

Elle passa sa langue rose sur ses belles lèvres en forme de cœur et corrigea :

– Même si mon grand-père me parlait souvent de Camus, je n'ai vraiment commencé à m'intéresser à lui que lorsque j'ai lu le tome deux de *La Force des choses*, de Simone de Beauvoir. Je découvre, stupéfaite, le mépris dans lequel elle tenait Camus, elle se gaussait de sa fameuse phrase sur sa mère et la justice. Elle fustigeait son silence et sa posture au-dessus de la mêlée. Il y avait de la hargne chez l'auteur du *Deuxième sexe*. Et même de la haine. Je lis *Les Mandarins* et je retrouve Camus dans l'un des personnages inconsistant et falot. Je me suis dit qu'on ne peut pas haïr, si on est Beauvoir, un homme à cause seulement de ses positions sur l'Algérie. Il y avait donc autre chose. Mais quoi ? J'ai commencé à compulser tout ce qui a été écrit sur la relation entre les deux écrivains et je découvre qu'au-delà de positions antagonistes sur l'Algérie, Beauvoir et Sartre ont été des militants de l'indépendance algérienne, il y avait une histoire de blessure amoureuse : Camus a refusé de coucher avec Beauvoir qui en mourait d'envie ! La militante croqueuse d'hommes a été envoyée promener par le pied-noir Camus !

Elle marqua une pause pour goûter à son Martini. Elle avait un mince sourire sur ses lèvres. De toute évidence, elle était heureuse de réduire Beauvoir à un rôle de midinette amoureuse qui ne pouvait pas supporter que Camus lui dise non. Après avoir déposé son verre, elle continua d'une voix plus tranquille :

– Quoi qu'il en soit, j'étais accrochée : un homme qui refuse de coucher avec la grande Beauvoir est à la fois remarquable et attirant. J'aime les hommes qui résistent. J'ai donc décidé de mieux le connaître. Et j'ai posé à grand-père les questions les plus inimaginables sur Camus…

Tout en sirotant mon whisky, je regardais d'un autre œil Sarah. Elle me paraît plus cultivée et plus libre que je ne le pensais. Si elle aime les hommes qui résistent, c'est qu'elle refuse la facilité. Mais avec un physique pareil, tout homme est vaincu d'avance. Qui pourrait lui résister, elle qui a mis sens dessus-dessous tout le lycée ? J'imagine la tête des autres professeurs s'ils nous surprenaient.

Ils n'en croiraient pas leurs yeux !

– Pourquoi souriez-vous ? demanda-t-elle.

Je ne m'étais pas rendu compte que je souriais. Surpris, j'ai dit ce qui me passa par la tête :

– Je pensais à Camus, je ne savais pas qu'il n'aimait pas les femmes…

Elle fumait tranquillement le narguilé qu'elle avait commandé à la place du dessert.

Après de longues bouffées parfumées qu'elle prit soin de rejeter sur le côté, m'évitant ainsi de recevoir en plein visage la fumée, elle me répondit avec un sourire moqueur :

– Vous parlez sérieusement ?

Je répondis par un hochement de la tête.

– Mais voyons, Camus était fou de femmes. Il séduisait à tout va, selon grand-père. Même les femmes de ses amis y passaient.

Elle ponctua sa phrase d'un petit rire complice et même coquin. Eurêka ! Les femmes et Camus, mais où est-ce que j'avais la tête ? La présence de Sarah, son charme et son verbe ainsi que le whisky, surtout le whisky, m'ont fait oublier ma recherche sur l'Algérienne de Camus. Si le grand-père de Sarah connaissait bien Camus, il doit forcément savoir s'il avait ou pas une petite amie d'origine « indigène ». Il faut donc que je le voie d'urgence.

– Je pourrais rencontrer votre grand-père ?

– J'allais justement vous le proposer. Je suis sûre qu'il serait enchanté de recevoir un fan de son ami Camus. Si vous voulez, on part demain après-midi, je n'ai pas cours.

– Moi non plus, je suis libre… mais partir où ? Il n'habite pas Alger ?

– Non, et où voulez-vous qu'il habite sinon à Tipasa, la ville qu'a tant célébrée l'auteur de *Noces* ?

Elle ajouta d'un ton ferme que démentait le sourire de ses yeux :

– Oublions un peu Camus. Passe qu'il obsède nos intellectuels, il ne va pas nous gâcher notre soirée…

Je lui répondis qu'elle avait raison. Je restai muet de bonheur. Rencontrer un ami de Camus dans la ville qu'il aimait par-dessus tout me paraît un rêve. Tout est magique ce soir : le décor, la boisson, ma compagne… Heureux, je savourais en silence mon bonheur. Il y a longtemps que je ne me suis pas senti aussi bien. Sarah tirait sur son narguilé les yeux fixés sur moi comme si elle voulait me dire quelque chose. Puis, de son index, elle me dessina des lettres dans l'espace qui nous séparait. Je regardais son doigt monter et descendre, former des lettres que je ne pouvais déchiffrer.

– Qu'êtes-vous en train de faire ? lui demandai-je amusé.

– J'écris des mots comme le faisaient Goethe et Tolstoï à l'article de la mort. Tolstoï traçait avec le pouce, l'index et le majeur des mots sur son drap. Goethe écrivait dans l'air des lettres. J'aime les gens qui gardent leur passion jusqu'à la fin.

J'opinai sans trop comprendre. Introduire Goethe et Tolstoï alors qu'on parlait de Camus relève pour moi du mystère. Vraiment imprévisible et déroutante. Et c'est ce qui la rend justement captivante.

– Et vous, à part Camus, vous êtes sans doute passionné par votre famille, non ? Vous m'en donnez tout l'air… Sérieux, refusant les avances d'une jolie lycéenne…

Je ne savais pas ce qu'elle avait en tête, mais je répondis franchement :

– Sérieux je le suis, c'est vrai, et j'aime beaucoup ma famille…

– C'est-à-dire votre famille ? L'épouse et les enfants ou seulement les enfants comme tant de vieux couples ?

Même si sa question me paraissait impertinente et même un peu trop osée, elle ne me surprenait qu'à moitié, vu le caractère original de mon interlocutrice. Je lui dis, les yeux dans les yeux :

– J'aime mon épouse et j'aime mes enfants…

Elle fronça les sourcils et fit une mimique irrésistible.

– Vous êtes bien le premier Algérien qui m'avoue aimer son épouse. Bravo ! Magnifique ! Deuxième question : avez-vous une femme dans votre vie ?

Sa question m'étonne. Sans doute n'a-t-elle pas saisi ma réponse puisqu'elle revient à la charge. Je me répète :

– Oui, puisque je vous ai dit que j'aime mon épouse !

Elle me décocha un sourire amusé.

– Cela, je le sais. Une autre, je veux dire une maîtresse…

– Non, non, aucune autre femme.

Je ne comprenais toujours pas où elle voulait en venir. Je sentis une sorte d'ironie quand je lui avais dit que j'aimais mon épouse. Devais-je mentir ?

Elle me regardait comme si elle me voyait pour la première fois. Un regard étrange. Essaie-t-elle de me sonder ? N'ayant rien à dire, poussé par le ton de la conversation et sans doute l'alcool qui m'a relâché, je lui dis bêtement :

– Comment me trouvez-vous physiquement ?

Elle rit, déconcertée sans doute par cette question.

– Voilà que monsieur doute de son physique. Mais vous êtes beau et vous le savez très bien… Aussi beau que votre idole Camus…

C'était à Camus que je voulais me comparer sans oser lui poser directement la question par peur de son rire, voilà qu'elle y vient toute seule. Heureux d'avoir bien joué, je lui dis :

– Vous pensez que je lui ressemble ?

Elle réfléchit, puis dit d'un air hésitant :

– Non, vous ne lui ressemblez pas du tout, mais vous avez quelque chose de commun… J'en suis sûre…

Mon cœur s'arrêta de battre. Si cette fille si instruite et si perspicace me trouve des traits communs avec l'écrivain, c'est que ce devait être vrai.

Je ne pus que balbutier :

– Quoi ? Quoi de commun ?

– Votre même amour pour vos femmes. Mais Camus n'était

fidèle que moralement, pour le reste il était d'une infidélité chronique !

Elle éclata d'un rire sonore, qui me paraissait déplacé dans cet endroit. J'en fus gêné. Je me retournai, personne ne nous regardait. Nous n'étions pas le centre du monde. Tant mieux.

Pour masquer mon embarras, je lui dis sans trop savoir pourquoi :

– On me prend souvent pour un juif...

– Et alors, cela vous dérange ?

– Non, bien sûr que non !

Elle s'approcha de moi et me murmura, les yeux pétillants :

– Tant mieux... Puisque vous aimez les juifs, vous avez devant vous la petite-fille d'une juive...

Je pris un ton complice.

– Elle vit toujours en Algérie ?

– Oui, six pieds sous terre, cher ami. Nana était une grande moudjahida, Sarah Chouraqui. Avez-vous déjà entendu parler d'elle ?

– Non, jamais... Vous savez bien que notre histoire est déformée, manipulée, tronquée... Les vrais héros sont morts ou se cachent pour mourir.

J'ajoutai juste pour dire quelque chose :

– Votre prénom est très beau. On vous a donc prénommée ainsi en hommage à votre grand-mère.

– Oui, ma mère m'a prénommée ainsi. Elle avait à peine une douzaine d'années quand sa mère est morte au djebel. Elle était infirmière...

Une ombre de tristesse voila ses beaux yeux. Je crus même voir des larmes affleurer. Mais elle se reprit vite :

– Ne parlons pas de la mort, parlons plutôt de la vie... Vous avez bien une autre vie, à part lire Camus et aimer votre ?...

J'étais sûr qu'elle allait dire « votre femme », avant de se retenir. L'ai-je quelque part contrariée en avouant mon amour pour mon épouse ? Mais pourquoi le serait-elle ? Allez savoir ce qui se cache dans la tête d'une demoiselle, fut-elle l'émule de Beauvoir. C'est vrai que si l'on veut piquer une femme, il suffit de lui vanter les mérites d'une autre. Warda enrage quand je lui cite en exemple d'autres femmes, surtout si elles sont jeunes et jolies. Mais Warda est mon épouse et celle-là est juste une collègue libérée qui se veut l'égale de l'homme en tout. Sa voix me ramène à elle, si tant est que je l'ai quittée.

– Nabil… Nabil, où êtes-vous ?

– Je suis là…

– J'attends une réponse à ma question…

– Quelle question ? Ah, oui ! Qu'est-ce que je fais à part aimer ma femme ?

Elle s'écria en riant :

– Mais je ne vous ai jamais dit ça ! C'est le whisky qui vous fait entendre des voix…

J'ai réalisé avec stupéfaction que j'ai formulé ce qui est resté en suspens dans sa bouche. Quelles mystérieuses raisons cachées m'ont poussé à poser à sa place cette question ? Je me suis excusé alors qu'elle riait encore.

J'ai pris la dernière goutte de whisky avec regrets. J'aurais tant aimé en boire encore et encore. Elle s'est arrêtée au troisième Martini, et j'en ai fait de même. J'avais peur de passer pour un homme manquant de savoir-vivre.

J'ai bafouillé à toute vitesse pour que cesse son rire moqueur :

– Je ne suis pas aussi fou de Camus que vous le pensez. En fait, je ne me suis vraiment intéressé à lui que depuis hier…

Elle s'arrêta de rire, mais ses yeux disaient qu'au moindre mot de ma part elle allait repartir de plus belle.

– Et pourquoi depuis hier seulement ? demanda-t-elle.

Sous l'effet du whisky, j'allais m'épancher. Par pudeur et de peur qu'elle ne se moque de moi, j'ai dit sans réfléchir :

– L'un de mes amis a appris hier qu'il était peut-être le fils adultérin de Camus… Je veux dire que son oncle lui a confié que son vrai père est Camus et sa mère une Algérienne d'une famille bourgeoise et conservatrice.

Si j'avais un doute sur ma fameuse capacité d'improvisation, le voilà balayé d'une façon éclatante.

Sarah resta silencieuse. Elle souffla sur les braises de son narguilé et murmura :

– Quelle belle histoire… On dirait un roman. Mais n'est-ce finalement que du roman ? Et qu'en pense votre ami, le prétendu fils de Camus ?

– Il n'en croit pas un mot, même si quelques indices trouvés sont troublants…

– Lesquels ?

– Il a retrouvé une femme qui a connu une belle Algérienne qui a été vue avec Camus et, vraisemblablement, elle ressemblait beaucoup à mon ami.

Sarah se redressa sur son siège. L'histoire la passionnait, il n'y avait aucun doute. Ah ! Si elle savait que c'était la mienne qu'une prudente transposition a fait passer pour celle d'un autre.

Elle me dit, tout feu tout flamme :

– Oui, mais ça ne veut rien dire… Elle peut avoir une ressemblance avec lui sans qu'il y ait des liens de sang… D'autres indices ?

– Oui, il a, selon ce qu'il m'a dit, les mêmes yeux verts que Camus…

Elle prit un air futé et me chuchota :

– Comme vous… Et pourtant, vous n'êtes pas le fils de Camus, à ce que je sache…

Je ris pour cacher ma gêne. J'étais tenté, l'ambiance aidant, de tout lui raconter pour l'épater et lui montrer que ma vie n'était pas aussi plate qu'elle n'en avait l'air. La crainte de son rire moqueur me retint une nouvelle fois. Je dis simplement :

– Peut-être que votre grand-père a connu cette femme…

– Si une Algérienne, indigène à l'époque, est sortie avec Camus, grand-père doit le savoir. Il est curieux comme une vieille fille. On le saura demain…

Elle ajouta l'air subitement grave :

– Vous ne m'avez pas demandé pourquoi je vous ai invité ? Je vais vous le dire quand même. Dans le roman *La Chute*, Clamence, le héros qui soliloque, dit : « Vous savez ce qu'est le charme : une manière de s'entendre répondre oui sans avoir posé aucune question claire. » Alors, oui, oui, oui, cher ami…

Elle me fixait avec des yeux qui semblaient attendre une réponse de ma part. J'ai fait celui qui n'a pas compris. Que peut-on répondre, quand on aime son épouse, à une femme qui vous dit que vous ne la laissez pas indifférente ? Et quand cette femme est jeune et belle, intelligente et cultivée, le moindre mot pourrait avoir des conséquences sur la relation. Soit elle se développe, soit elle meurt d'étouffement. Je choisis la voie du silence qui, ne m'engageant pas, ne me désengage pas non plus. Elle me donnait un sursis commode. Attendre et voir venir. Qu'ai-je fait d'autre toute ma vie ?

Sarah, le sourire aux lèvres, jeta un coup d'œil à sa montre et s'étonna :

– Il est déjà minuit… Je n'ai pas vu le temps passer… C'est le moment de partir. Demain, on travaille…

Si elle était déçue par mon silence, elle n'en laissa rien paraître. Elle paraissait même gaie. Je répondis :

– Oui, c'est vrai, il se fait tard, partons… Vraiment merci pour cette formidable soirée.

Elle se leva. Après avoir fait quelques pas, elle se retourna et resta un long moment les yeux fixés sur la table où l'on était restés plus de quatre heures.

– Vous avez oublié quelque chose ? lui demandai-je.

– Oui, un peu de nous-mêmes…

Je fus ému par sa réponse.

Elle formulait ce que j'ai toujours pensé. Je me suis toujours dit qu'on laisse dans chaque endroit où l'on est passé, ne serait-ce que quelques heures, un peu de nous-mêmes qui nous survivra longtemps. Pas un banc public, une librairie, un café, une salle de classe où je ne m'imprègne de son atmosphère avant de le quitter.

Comme elle habitait à Ouled Fayet, j'ai préféré la suivre avec ma voiture pour lui servir d'escorte, sait-on jamais avec tous les fous qui circulent la nuit.

Après environ trente minutes de route, on pénétra dans une belle coopérative non loin du chenil de dressage. La villa où habitait Sarah était petite mais coquette. Elle était située en bout de coopérative, face à l'immensité des champs où les peupliers profilaient leur noire silhouette. Dans cet espace ouvert et exposé on sentait la force du vent qui faisait entendre un bruit lointain de flûte. Le décor parfait pour un film de vampires. Finalement, j'avais bien fait de l'accompagner, car l'endroit ne me paraissait pas sécurisé. Je me suis gardé de lui faire part de mes appréhensions. Toutefois, j'ai mesuré les risques pris en rentrant tard à cause de moi. Sur le coup, l'idée qu'elle avait agi de la même manière avec d'autres ne m'a pas effleuré l'esprit. Après avoir garé sa voiture dans le garage, elle s'approcha de moi avec cette mine espiègle que je commençais à apprécier.

– Saviez-vous que le père de Camus est né à Ouled Fayet ?

Je fus étonné.

– Non, c'est quand même incroyable ! Camus nous suit partout…

Elle riait, fraîche comme une rose au milieu de la nuit. Elle s'approcha un peu plus de moi, me fit la bise en me chuchotant à l'oreille :

– Douce nuit, mon cher… Sois prudent…

Elle rentra chez elle, se retourna au moment de fermer la porte et me fit un geste d'au revoir. Elle me laissa sur la joue son odeur, son parfum, la chaleur de ses lèvres, la tiédeur de sa peau et la douceur de ses mots dont je commençais à sentir la brûlure. La villa s'appelait Flore, clin d'œil sans doute au mythique café Flore fréquenté par Camus, le couple Sartre-Beauvoir et tous les intellectuels de l'avant et l'après-guerre. Tout est signe avec Sarah.

16

Sur le chemin du retour, je me sentais léger tel un papillon. J'étais heureux. Tout me paraissait sublime. Même les automobilistes fous qui me faisaient des queues de poisson me semblaient des anges. Continuez à faire les virtuoses sur l'autoroute, bravo les gars ! Vous rajoutez de la joie à cette soirée. Comme Sarah qui a mis du bonheur dans la mienne. Sarah… Sarah, je t'aurais aimée si je n'aimais pas mon épouse et si tu avais vingt ans de plus, ou moi vingt ans de moins. Tu es un être venu du ciel, Sarah, un être incroyable… En pinces-tu pour ce vieux Nabil ? Oui, je crois que tu commences à l'aimer un peu, sinon pourquoi tu as changé de visage quand je t'ai avoué mon amour pour mon épouse… Et la phrase de Clamence sur le charme qui m'allait à ravir selon toi, hein. Et tu avais murmuré : « Oui, oui, oui cher ami… » Oui, à quoi ? À l'amour. Si c'est ça, tu vas être déçue ma jolie. Je ne suis pas preneur. Je te dis : non, comme l'a fait Camus avec Beauvoir. Nous sommes difficiles de père en fils. Demain, nous partirons ensemble voir ton grand-père et je saurai enfin si Camus a connu une indigène. Non, je ne suis pas le fils de Camus… Et si je découvre que je le suis, je me tue ? Nabil Benkamoun bâtard, voilà ce que je serai. Maman, pardonne-moi de proférer ces bêtises. Je suis comme l'enfant que j'étais avec toi, je dis n'importe quoi et tu étais là pour tout corriger, tout excuser.

Tiens, des voitures stationnées sur la bande d'urgence, un mariage à une heure du matin ! Sacrés Algérois. Ralentissons pour voir de plus près le cortège. Mais quoi, que vois-je sur le bas-côté ? Un escadron de jolies mondaines aguichantes prêtes à se marier sur l'instant avec ce troupeau d'hommes qui marchandent avec elles. Allez, vous méritez bien que je vous rende hommage. Je klaxonne. Et voilà ces chauds lapins qui détalent comme des lièvres. Ils ont dû penser que je les avertissais de l'arrivée de la police. Voilà comment on fait de mauvaises actions en pensant bien faire. Désolé mesdemoiselles, je voulais juste vous saluer. Des voix grasses s'écrient : « Vicieux, ivrogne ! » Non, mesdames, je ne suis pas vicieux, ni saoul, juste éméché, comme devraient l'être tous les Algériens pour être plus heureux. Vive Chivas ! Vive Sarah ! Elle doit dormir. Fais dodo Sarah, je te verrai demain et nous serons de nouveau heureux. Les joies sont rares… Et des femmes comme toi encore plus.

J'entre dans mon appartement avec la précaution d'un voleur. Tout le monde dort apparemment. Erreur. Dans la chambre, Warda est éveillée. Elle lit. Son livre est à l'envers. Elle fait semblant pour ne pas me montrer qu'elle m'a attendu rongée par l'impatience.

Je lui fais la bise. Elle me hume et me dit :

– Tu rentres bien tard ! Et en plus saoul comme une bourrique ! Comme un célibataire… Comme si tu n'avais ni femme ni enfants. Tu aurais pu appeler…

Je remarque pour la première fois ses profondes rides sur le front et aux commissures des lèvres, son visage chiffonné. Elle a bien son âge, près de la cinquantaine. Comment n'ai-je pas remarqué que la jeune femme que j'ai épousée il y a plus de vingt ans a vieilli à ce point ? Et puis surgit devant mes yeux le visage éclatant de jeunesse et de beauté de Sarah, et je comprends. La jeunesse de l'une m'a dévoilé la vieillesse de l'autre. Quand on vit nuit et jour auprès de la même personne, elle nous devient transparente. On garde pour l'éternité, fixé dans notre rétine, le visage qu'on a connu dans les premiers temps. Et ce visage devient un masque qui se superpose, au fil des jours, sur les autres visages, fussent-ils marqués par l'âge. Devant la pauvre mine de mon épouse, j'ai le cœur en compote. Je lui réponds, très conciliant :

– Voyons, d'où veux-tu que je t'appelle ? Tu n'as jamais voulu qu'on achète de mobiles au prix qu'ils coûtent. Et je me voyais mal demander au patron du restaurant la permission de donner un coup de fil. De plus, c'est bien la première fois depuis des années que je dîne sans toi. Il n'y a pas lieu de s'alarmer.

– J'avais peur qu'il ne te soit arrivé un accident…

Elle s'assied sur le lit et me fixe intensément.

– Mais je vois que tu as l'air vraiment gai… Je t'ai rarement vu aussi heureux… C'est la présence de ton ami qui t'a fait cet effet ?

J'allais rétorquer « quel ami ? » quand je me suis rappelé Ghani. J'ai eu honte de ce mensonge. Mais puisque j'ai déjà un pied dans le mensonge autant mettre le deuxième en jouant au malheureux.

– Je suis gai parce que je suis content de rentrer à la maison. Quant au dîner, bof, il a été d'un ennui mortel. Mais un accident m'a bloqué plus de deux heures sur l'autoroute.

Rassurée, elle esquissa un sourire et me demanda de la rejoindre au lit.

– Il n'est pas loin de 1 h 30, fêtard et jouisseur…

J'ai ri en pensant combien elle avait vu juste et me suis dirigé rapidement vers la salle de bains pour prendre une douche. Je me suis regardé. Je me vois jeune. Plus jeune que je ne l'ai jamais été. Effet de l'alcool ? À cette heure-ci, je dois avoir une tête affreuse. Mais non, je me regarde de nouveau. C'est un visage de jeune homme qui me sourit. Je comprends que c'est l'effet de Sarah. Sarah qui vieillit l'une et rajeunit l'autre.

Warda m'attendait, toujours éveillée. Cette fois-ci, son livre était à l'endroit. Elle m'apprend que mon oncle a appelé et qu'il me demande de le rappeler. J'explose alors :

– C'est sans doute pour l'histoire de Camus. Je ne vais pas le rappeler. Et je le rappellerais pourquoi ? Pour qu'il me répète les mêmes âneries infâmantes ? À la prochaine occasion, s'il me parle de Camus, je lui mettrai les points sur les i. Il se prend pour qui et il me prend pour qui, à la fin ! En me dégrisant, je me suis retrouvé avec une hargne que je ne me connaissais pas. J'étais prêt à en découdre avec n'importe qui. Si hier j'acceptais avec le sourire les insinuations de mon oncle, j'avais envie d'y mettre fin tout de suite. Warda fut étonnée par ma colère.

– Mais on dirait que tu as mangé du lion ! En plus, tu ne m'as même pas laissé continuer. Il voulait te rappeler la recommandation qu'il t'a faite pour Bazooka.

Je réfléchis, surpris par ma propre colère. Je ne suis pas comme ça habituellement. Que m'arrive-t-il ? C'est sans doute parce que j'ai les nerfs à fleur de peau après tout ce que j'ai vécu depuis vingt-quatre heures. Je me rappelle que je ne dois voir Hadj Bazooka que dans une semaine. J'en informe Warda qui me rétorque que Hadj Bazooka a appelé la maison paternelle pour avancer le rendez-vous à aujourd'hui 19 h.

– Ton oncle voulait te contacter dans ce sens. Il n'y a pas lieu de te fâcher. Peut-être même a-t-il réalisé qu'il est allé trop loin avec toi dans l'histoire qu'il a essayé de te faire gober.

En écoutant mon épouse, mon esprit s'est envolé vers Sarah. Je craignais de ne pas avoir assez de temps à la fois pour partir avec elle rendre visite à son grand-père et rencontrer Hadj Bazooka. Je ne voulais surtout pas escamoter mon après-midi avec Sarah. J'étais prêt à renoncer à Hadj Bazooka quelles qu'en soient les conséquences. Je calcule le temps qu'il me faudrait passer avec Sarah : quatre heures en tout, visite de son grand-père comprise. Si l'on veut faire un tour aux ruines de la ville antique, il faudrait ajouter plus d'une heure pour être vraiment à l'aise. Il faudrait donc qu'on parte avant midi.

– Tu es en train de te demander quelles sont les raisons qui ont poussé Hadj Bazooka à avancer la date du rendez-vous, je te connais, va !

Je souris.

– Puisque tu me connais si bien, que vais-je faire maintenant ?

Elle souleva la couverture, tapa de sa main près d'elle et me dit :

– Dormir à côté de ta petite femme !

C'est ce que j'ai fait. J'aurais aimé lire un peu le Camus que j'avais acheté, mais j'étais si fatigué et déconcentré que j'ai préféré éteindre la veilleuse.

Si prompt à me réveiller chaque matin, j'avais du mal, cette fois-ci, à ouvrir les yeux. À cause de la chaude nuit que j'ai passée avec Sarah. Quelle nuit ! Quelle nuit ! C'est le premier rêve érotique que je fais depuis mon mariage. Les scènes étaient si présentes dans ma mémoire qu'on dirait que je les ai vécues. Je n'osais même pas regarder mon épouse dans les yeux. J'avais honte de lui avoir été infidèle.

Au petit-déjeuner, elle me dit, fine mouche :

– On dirait que tu évites mon regard. Tu ne me caches pas quelque chose par hasard ?

Je devais la rassurer, quitte à rajouter une nouvelle couche de mensonge.

– J'ai fait un horrible cauchemar… J'ai vu… J'ai rêvé que tu étais morte…

Émue, elle s'approcha de moi et m'enlaça par derrière.

– Tu sais bien que la mort dans le rêve est synonyme de longue vie dans la réalité ! Allez mon chou, fais-moi un bisou !

17

Je suis arrivé au lycée plus tôt que d'habitude, à 7 h 30. J'étais pressé de venir, poussé par une force que je ne m'expliquais pas. Warda s'est étonnée de me voir quitter la maison avant l'heure. Je lui ai fourni comme raison un entretien que je devais avoir avec le proviseur avant le début des cours.

– Cet entretien peut attendre la fin des cours je pense. Il n'y a pas le feu au lycée, non ?

Je lui répondis, d'un air de chien abattu, qu'il devait sûrement y en avoir dans la tête du proviseur et je partis comme si j'avais le feu aux trousses. Je réalise que depuis que je connais Sarah, j'ai plus menti à mon épouse en 24 heures que durant plus de vingt ans de mariage !

Un triste record. Je n'avais pas le choix. Je me consolais en me disant que ce sont de petits mensonges sans conséquences, des broutilles. Mais c'est quand même le comble pour quelqu'un qui est cité à tout bout de champ par son épouse aux femmes de la famille comme un modèle de droiture. Je commence à ressembler à Camus, mais à l'envers : je mens, mais physiquement je suis intègre.

Dans la salle des profs, je guette l'arrivée de Sarah. Plus les minutes passent, plus je me dis qu'elle n'est sûrement pas impatiente de me voir. L'aurait-elle été qu'elle serait venue tôt, tout comme moi. Tout ce que j'ai cru prendre hier comme béguin pour moi n'est sans doute que taquineries et jeu de sa part. Allons Nabil, réveille-toi, ce n'est pas une beauté comme elle qui va tomber amoureuse d'un périmé comme toi, eut-il les yeux de Camus. Au lieu de Sarah, c'est Hicham Boubi qui surgit, étonné de me voir si matinal :

– Je vois que tu es tombé du lit ce matin pour guetter la belle juive…

Surpris de le voir viser si juste en moi, je fis un mouvement de recul en me disant qu'il a dû nous surprendre hier soir, car il me semblait proprement impossible qu'il puisse sonder avec tant de précisions mon intérieur. Pour le pousser à parler, je souris de mon sourire qui me rend plus futé que je ne le suis et déconcerte ceux qui manquent d'assurance. Mon interlocuteur est pris dans le piège. Il rentre sa tête dans ses épaules comme s'il était pris en faute et rétorque :

– C'est juste pour te taquiner, je sais que Sarah a plein de prétendants jeunes et beaux devant lesquels on fait pâle figure…

J'encaissai son uppercut en plein foie. Mon silence fit plus d'effet sur lui que n'importe quelle répartie violente.

– Mais quoi, tu n'as pas aimé que je te dise qu'elle est d'origine juive ? Après tout, ce n'est pas une insulte… Tu comprends.

J'étais irrité, je lui ai alors dit avec exaspération :

– Oui, ça me dérange que tu fouines dans le passé des gens. On dirait une commère qui va au hammam pour faire le plein de cancans.

Je n'ai jamais aimé chez lui cette manie qu'il a d'enquêter à chaque fois sur l'arbre généalogique des collègues. Eut-il fait cela parce qu'il est féru d'histoire comme il le prétend, on aurait compris, mais quand la curiosité le pousse tel un voyeur, cela je ne le comprends pas. En connaissant l'origine de son interlocuteur, il a l'impression de le dénuder. Et de se couvrir lui-même. Bien entendu, il m'a ressorti depuis longtemps mon arbre généalogique. Mes ancêtres viennent de Saghia El-Hamra, du Sahara occidental. Vrai, faux, je ne l'ai jamais su. Mon arrière-grand-père et mon père sont nés dans une ville du Sud, moi-même à Alger, à Laâqiba. Le reste ne m'intéresse pas. Ma mère disait souvent : « Tes origines, c'est ta conduite. » Autrement dit, on ne se définit pas par ses origines, mais par ses valeurs.

Je laissai Hichem à ses gesticulations et dénégations, et j'ai rejoint ma classe inquiet de l'absence de Sarah. Si elle n'est pas venue, c'est qu'elle doit être malade. Je ne pensais plus à Tipasa, je pensais à Sarah. Cette sourde inquiétude, mon cœur qui s'affole, est-ce de l'amour ? Je ne sais pas. Je sais que j'ai pris beaucoup de plaisir en sa compagnie. Elle est joyeuse, jeune. Sa présence me rajeunit. Par association d'idées, le visage de Warda strié de rides s'incruste, mon cœur se serre. Et j'ai eu honte de mon intérêt pour une fille que je ne connais même pas. Il faut que je me ressaisisse. C'est Warda que j'aime. Pourquoi d'ailleurs ne pas visiter Tipasa avec elle ? Ce serait formidable, non ? J'essayai de m'endurcir. De redevenir comme j'étais. En vain, devant moi se profilait la silhouette de Sarah. J'ai donné mon cours dans un état second. À la fin de la séance, Abkarino est venu me voir avec son air emprunté qui cache toujours des questions pertinentes.

– Maître, j'ai lu que Camus n'a jamais eu d'amis arabes.

Je souris et lui réponds d'un air docte :

– Faux, il en avait plein.

Et je m'en allai, mettant fin à un aparté que j'affectionnais particulièrement à la fin de chaque cours. J'ai vu comme une volonté de sa part de me coller. Il a eu ce qu'il voulait : une fable. Il apprendra, pour être algérien comme moi, que quand on essaie de nous coincer quelque part, on trouve toujours le moyen de nous dérober, fut-ce par un mensonge. Nous sommes de ceux qui ne savent pas dire : on ne sait pas. Reconnaître notre ignorance, c'est nous suicider Tout de même, je n'étais pas comme ça. J'étais honteux de mon mensonge. Encore un. Décidément, je mens à tout bout de champ.

Je venais juste de sortir de la classe quand l'appariteur est venu me dire qu'on me demandait au secrétariat du proviseur. D'un naturel inquiet, j'ai immédiatement pensé à l'inconsistance du cours que je venais de donner. C'est sûr que des élèves sont partis en courant se plaindre au proviseur. J'arrive au secrétariat les jambes en coton, et l'assistante du proviseur, une jeune voilée au visage sévère, me désigne de la main le téléphone.

– Votre sœur voudrait vous parler.

À ces mots mon cœur manque de s'arrêter. Je me dis qu'oncle Messaoud a dû lui raconter les pires sottises sur moi pour qu'elle m'appelle au lycée ! Je remercie la secrétaire, et je prends d'une main tremblante le combiné. Je dis : « Allô ? » La voix, une voix magnifique qui n'est pas celle de ma sœur mais de mon âme sœur me répond : « Nabil ? » Je savais que c'était elle, rien qu'à sa façon de prononcer mon prénom. Je retiens mon souffle.

– C'est Sarah, je me suis fait passer pour votre sœur pour ne pas éveiller les soupçons de l'assistante.

En l'entendant, mon cœur a failli sortir de ma poitrine. Je me sens léger, soulagé du poids de l'impatience et de l'inquiétude. J'allais m'écrier quel bonheur ! Quand je me suis rappelé la présence de l'assistante. Je lève la tête, et je la vois me scruter avec méfiance comme si elle se doutait de quelque chose. Je joue alors le jeu à fond.

– Comment vas-tu ma sœur, où es-tu passée ? Cela fait longtemps que je t'ai pas vue… Je me suis inquiété, tu sais.

Rire clair au bout du téléphone, un rire de gamine facétieuse :

– J'ai compris, la vieille fille est en train de vous épier… Je n'ai pas cours la matinée aujourd'hui et j'ai oublié de vous prévenir hier. Alors, on se voit dans une demi-heure, à 11h30, à la sortie de Staouéli, il y a une pompe à essence, je vous attendrai là-bas. On prendra ma voiture. OK ?

Je ne pus que répondre par l'affirmative.

– Vous avez l'air bouleversé, votre sœur va bien, j'espère, me demanda l'assistante.

– Très bien, merci. Elle m'a annoncé qu'elle a eu des jumeaux…

Et je quitte son bureau précipitamment, ne mesurant pas la cruauté de mon mensonge : dire à une vieille fille au ventre sec qui rêve sans doute d'enfants que ma sœur a eu des jumeaux est le comble de la maladresse. Le bonheur rend-il méchant ?

18

Comment suis-je arrivé jusqu'à la pompe à essence où m'attendait Sarah ? J'étais dans un tel état d'excitation que j'ai dû battre des records de vitesse. Elle-même s'étonna de me voir arriver si vite. Elle était habillée sobrement mais élégamment : jean, chemise blanche et veste safari marron.

– On va à la chasse au lion ? lui demandai-je.

– À la chasse à Camus, me répondit-elle en me faisant la bise sur les deux joues.

Je m'en voulus d'avoir essayé de faire de l'humour au lieu de la complimenter sur son élégance. Mais je ne suis fort ni dans l'un ni dans l'autre. Parfois j'essaie, mais je me plante souvent.

Bien installé à côté d'elle, elle me donna le programme de l'après-midi : visite guidée aux ruines de Tipasa, suivie de la rencontre avec son grand-père. Retour sur Alger vers 17 h. Ce qui me laisse le temps d'être au rendez-vous de Hadj Bazooka. Elle n'a pas prévu de pause-déjeuner, ce qui me va très bien. Je m'étonnai de son sens de l'organisation.

– Vous avez même pensé à un guide à Tipasa, chapeau ! Vous le connaissez, ce guide ?

Elle laissa entendre une sorte de roucoulement et me répondit en chantonnant : *« Nathalie... »*

Surpris, je lui rétorque avec une moue incrédule :

– Je ne savais pas qu'il y avait des guides féminins et étrangers de surcroît. Magnifique ! Enfin, on commence à comprendre que le secteur du tourisme est porteur d'avenir.

Tout en conduisant, Sarah, les yeux ébahis, se tourna de trois quarts vers moi au point que la voiture manqua de peu de quitter la chaussée, puis un éclat de rire. Une cascade de rires. Un torrent de rires. Je fus heureux et flatté de la faire rire. Pourtant, j'avais conscience de n'avoir rien dit de drôle. Ne sachant quoi faire ni quoi dire, j'ai partagé son rire. Je riais comme un idiot, ne sachant quelle contenance prendre. Elle essuya ses larmes avec un Kleenex et me dit, entre deux hoquets, que c'est elle qui fera le guide.

– Et Nathalie, alors ?

Elle put juste balbutier :

– C'est en référence à la chanson *Nathalie* de Gilbert Bécaud.

Nouvel éclat de rire. J'en fus, cette fois-ci, mortifié. Je compris qu'il était moqueur, à cause de mon ignorance. Si la terre pouvait s'ouvrir sous mes pieds, je m'y laisserais engloutir sans regrets. Ayant remarqué ma gêne, elle s'excusa en me pressant la main :

– Vous me pardonnez, n'est-ce pas ?

La pression de sa douce main ne me laissait d'autre choix que de répondre par l'affirmative. Mais j'étais sur mes gardes, me jurant de tourner ma langue, avant de parler, jusqu'à l'épuiser.

Les villes défilaient sous mes yeux : Douaouda, Bou-Ismaïl, Bouharoun. Je découvre combien elles sont coquettes alors que je les ai traversées mille fois sans même les avoir remarquées. Sans doute la présence de ma compagne mettait-elle de la poésie dans ce trajet.

Sarah fredonnait le répertoire de Ferré chantant Aragon. Elle chantait juste, avec une belle voix douce. Elle chantait avec naturel et simplicité, comme si elle était seule. Au bout de dix minutes, je me suis dit qu'elle allait cesser son récital pour qu'on puisse enfin se parler. Après plus d'une heure, elle chantait encore.

Ce qui m'a un peu étonné. Je commençais à me poser des questions. N'était-ce pas une manière courtoise de m'ignorer ? À défaut d'avoir une réponse de sa part, je me suis résigné à faire contre mauvaise fortune bon cœur. J'ai concentré mon attention sur la nature magnifique de la côte Ouest algéroise. Les pins et les peupliers indolents donnaient l'impression de danser à un mystérieux chant que nul humain ne pouvait percevoir. Je tendais l'oreille, je n'entendais qu'un murmure, un roucoulement. Celui de la mer courtisant la nature. Ils font la fête, l'un contemplant l'autre, témoins muets de centaines de milliers de passagers comme moi. Mais ce couple de beauté et d'amour reste imperturbable, immuable, défiant l'éternité. Camus est passé. Il n'est plus. Je passe. Je ne serai plus. Une douce nostalgie me prend à la gorge. J'ai envie de pleurer. Je me sens soudainement triste, bercé par le chant ininterrompu de ma conductrice. Aïn Tagouraït aurait été la plus belle cité du monde, elle m'aurait semblé bien laide. Ma météo intérieure a changé depuis Bouharoun. D'étonné, je suis devenu dépité. Et pourquoi donc ? Parce que ma belle compagne n'arrêtait pas de chantonner. Et elle ne chantait pas pour moi. Elle chantait pour elle-même, m'excluant du coup de son monde. Tipasa s'affiche en toutes lettres. On y pénètre. Voilà Sarah qui s'écrie, en me jetant un coup d'œil appuyé :

– À nous deux ma belle !

Je resurgis dans sa vie après avoir été transparent durant tout le trajet. J'étais échaudé. Tout à sa joie, elle ne remarqua pas mon changement d'humeur. Il faut dire qu'en surface j'étais le même pour ceux qui ne me connaissent pas bien. Je gardais sur mes lèvres le même sourire béat. Il eut fallu le regard plongeant au plus profond de moi pour que Sarah décrypte mes variations intérieures imperceptibles au commun des mortels.

19

À peine avions-nous mis les pieds dans les ruines que Sarah commençait à manifester sa joie en battant des mains comme une enfant. Elle était aux anges.

– À chaque fois que je viens ici, j'ai envie d'y rester pour l'éternité.

Et elle fit un pas de danse qui secoua mon cœur.

– Vous venez souvent ici ? lui demandai-je.

– Dès que je peux et quand la compagnie vaut le déplacement.

À cette phrase, je sentis ma poitrine se comprimer malgré moi. Jalousie ? Et pourquoi donc ? Elle n'est rien pour moi. Elle a l'habitude de venir avec d'autres soupirants ici, et puis après !

Je la prenais pour une enfant de chœur, alors que c'est un bourreau de cœurs. Je fais un effort violent sur moi-même. Et je décide de me bétonner. Puisqu'elle ne me voit pas, moi non plus je ne vais plus la voir. Pour me créer des répugnances, je décide de la dépouiller de tout son romantisme et de la voir telle qu'elle est. Une femme libre, moderne, sans doute une collectionneuse d'hommes. Je fais remonter dans ma mémoire ce qu'elle m'a dit hier au dîner : « J'aime les hommes difficiles. » Jusque-là, j'étais tout, sauf difficile. Est-ce pour cela qu'elle m'a négligé ? S'imaginait-elle que j'étais conquis, dans sa poche, autant dire mort ? Je vais lui montrer que je suis toujours maître de moi-même et que ni sa beauté ni sa classe ne m'ont mis à ses pieds. Je m'encourageais, je fortifiais ma volonté, je me remontais le moral. Au bout de quelques instants, je me sentais un peu moins sensible au charme de mon imprévisible amie. Le père Coué aurait été fier de moi.

Un vieil homme à la mine défraîchie, que j'ai remarqué sitôt la porte franchie, debout en embuscade, vint vers nous.

– Vous n'avez pas besoin d'un guide ? nous apostropha-t-il d'une voix fatiguée, usée sans doute par les sollicitations.

Sarah lui sourit en déclinant son offre. On fit quelques pas et je m'arrête bloqué par une idée : ce guide a peut-être connu Camus. Qu'ai-je à perdre à le lui demander ? Après tout, je ne suis pas venu à Tipasa pour ses ruines et ses vestiges, mais pour marcher sur les traces de Camus. Je fais quelques pas en arrière et lui demande depuis combien de temps il fait office de guide. Surpris par ma question, il répond avec le flair du guide expérimenté qui sait que chaque réponse apporte son lot de butin :

– Depuis l'âge de quatorze ans… Depuis exactement 1935. Je n'étais pas guide au début, juste un garçon à tout faire, puis apprenti guide et enfin guide à l'indépendance.

Sarah qui m'avait rejoint posa la question qui allait sortir de mes lèvres :

– Avez-vous connu un écrivain qui s'appelle Camus ?

Son visage s'illumina et s'exclama la voix soudainement revitalisée.

– Et comment ! On ne pouvait pas le rater celui-là ! Dès le printemps et jusqu'à la fin de l'été, il venait ici toujours en bonne compagnie : des blondes, des rousses, des brunes, toutes défilaient avec lui. C'était un séducteur de première.

Il lâcha une toux rauque de vieux fumeur et poursuivit avec la même liberté de ton :

– Il faisait le guide à toutes ses conquêtes avant d'aller batifoler dans les fourrés. Quel diable d'homme que ce Camus !

Sarah me regardait, le front plissé, les sourcils froncés. De toute évidence, elle ne goûtait guère le verbe du vieil homme. Le vieux guide s'adressa à moi comme si c'était une affaire d'hommes et me murmura avec un clin d'œil de connivence :

– Je peux vous montrer le circuit de Camus : les endroits qu'il aimait, les fourrés où il entraînait les filles…

Sarah fit une grimace de dégoût et sursauta.

– Non merci, on peut se débrouiller tous seuls comme des grandes personnes !

Joignant le geste à la parole, elle m'entraîna de force avec elle. J'ai juste le temps de mettre un billet de cinq cents dinars dans la main du pauvre vieux qui reste ahuri, les yeux ronds comme des billes. Il devait se dire quelle drôle d'époque il vivait. Hier, Camus entraînait les femmes, aujourd'hui ce sont les femmes qui entraînent les hommes par le bout de leur nez.

Sarah était scandalisée par la vulgarité de l'homme.

– Quelle commère que ce vieillard ! Je suis sûre qu'il sert cette fable à tous les visiteurs pour les plumer…

Elle ajouta avec un regard tendre posé sur moi :

– De toutes les façons, il nous aurait importunés… Je veux être toute seule avec vous. Si Camus surgit pour me sauter dessus, je sais que vous me protégerez…

Je fus tout émoustillé par ses paroles. Du statut de chat échaudé, je passais à celui du coq sur ses ergots. Il m'a suffi de peu pour être heureux. J'ai oublié son silence, j'ai oublié son chant plus dur que ce silence… Ivre de bonheur, un écho résonnait dans ma mémoire : « Je veux être toute seule avec vous… »

Sarah marchait devant moi. Marcher ? Non, elle frôlait les dalles antiques qui n'ont sans doute jamais été caressées par plus beaux pieds. Je l'imaginais avec Camus. Ils auraient pris sans tarder la direction des fourrés pour des ébats qui n'auraient rien de romantiques. Elle se retourna brusquement vers moi et me dit :

– Voulez-vous jouer à cache-cache avec moi ? Si vous me trouvez je vous donnerai un cadeau !

Je trouvais l'idée saugrenue. J'aurais belle allure avec ma brioche et mon souffle court. Mais je ne pouvais pas dire non. Surtout ne pas la décevoir. Et puis je voulais connaître le cadeau. Sans crier gare, elle se mit à courir sur les dalles antiques. Et je la poursuivis jusqu'aux colonnes du temple. Je la cherche et ne la trouve pas. J'entends derrière moi, venant des arbrisseaux, la voix de Sarah. Je cours. Je fouille, je farfouille, les narines emplies de mille parfums de fleurs, plantes et arbustes. Je m'emplis les poumons. Je retrouve mes sensations d'enfant quand je jouais avec mes camarades. J'étais toujours distancé dans les courses. J'avais le pas d'un éléphant. Je n'ai pas changé. Le pas est devenu incertain et le souffle plus court. J'y passerai la journée, je ne retrouverai pas ma belle amazone. L'éléphant attrape-t-il la gazelle ?

Et, soudain, je la vois escaladant les ruines pour monter tout en haut de la colline d'où l'on domine toutes les ruines avec vue panoramique sur la mer. Elle se retourne et me fait signe de la suivre. Dieu qu'elle est belle, cheveux au vent. Camus doit se retourner d'excitation dans sa tombe. Je la suis. Je la retrouve près de la stèle de Camus.

Je m'approche d'elle et lui dis sans la toucher :

– Voilà, je vous ai attrapée !

Elle me répondit le plus sérieusement du monde :

– Je vais vous offrir un cadeau. Vous le méritez bien.

Elle plongea sa main droite dans son sac et sortit un livre.

Noces.

Je m'attendais à tous les cadeaux, sauf à celui-ci. Je reconnais qu'il est approprié au décor.

Elle l'ouvrit et d'une voix aux intonations émouvantes, elle lut de sa belle voix posée : « Au printemps, Tipasa est habitée par les dieux et les dieux parlent dans le soleil et l'odeur des absinthes, la mer cuirassée d'argent, le ciel bleu écru, les ruines couvertes de fleurs et la lumière à gros bouillons dans les amas de pierres.... » Je l'écoutai déclamer le texte si beau et si lyrique de *Noces*. Au loin, se profile le mont Chenoua dont les flancs généreux me font penser à une femme. Le débit de Sarah a changé. Elle lit désormais comme si sa vie en dépendait, comme si elle voulait entrer en communion avec Camus. Son ton est celui d'une lectrice professionnelle.

Elle enfle la voix, la pose, la précipite. Elle joue avec ses cordes sur toutes les gammes. Et sa palette est large : de l'aigu au grave, du léger au pesant. De ma vie je n'ai écouté pareille lectrice capable, par le miracle de sa voix, de donner forme aux mots qui sortaient, telles des pépites, de sa bouche. Elle parle d'amour et de désir, je les vois en elle, je sens l'odeur des absinthes, je vois « les rochers que la mer suce avec un bruit de baisers », je vois même Camus derrière l'épaule de Sarah. Une envie folle de pleurer me prend à la gorge. Est-ce la voix de Sarah ? Est-ce le vent ? Est-ce la beauté des lieux ? Est-ce la sensation du temps qui s'enfuit et que je ne peux retenir ? Est-ce le sentiment de vivre un moment magique ? Je ne sais pas. J'éclate en sanglots. Je pleure comme un enfant qui n'a jamais pleuré dans sa prime jeunesse et qui découvre les larmes à l'âge mûr. Sarah se précipite sur moi et m'enlace, sa tête sur mes épaules. Elle ne dit mot. Silencieux, l'un contre l'autre, nous pénétrons dans *Noces*. Nous sommes dans le Tipasa de Camus. Son parfum citronné me rappelle celui de Warda. J'ai honte de moi. Je me retire doucement d'elle en m'excusant pour mon moment de faiblesse. « J'aime les hommes à la fois fragiles et forts », me dit-elle. Sans doute pensait-elle que j'allais profiter de cet instant de communion pour essayer de donner une autre tournure à notre relation. Ou peut-être ne pensait-elle à rien, surprise simplement par mon retrait alors qu'elle était là, chaude et palpitante contre moi. Je n'en sais rien. Je manque d'expérience pour décrypter le cœur d'une femme.

La mienne me suffit.

Sarah caressa la stèle comme elle caresserait le propre visage de Camus, tendrement, amoureusement. Et elle commença à déclamer les lettres gravées tirées de *Noces*. « Je comprends ici ce qu'on appelle gloire : le droit d'aimer sans mesure. » Et elle ajouta de la même voix émue : « Il n'y a qu'un seul amour dans ce monde. Étreindre un corps de femme, c'est aussi retenir contre soi cette joie étrange qui descend du ciel vers la mer. » J'ai compris que c'était la suite de la fameuse phrase ; c'était trop beau pour que ce soit du Sarah. Mais cette phrase résumait ce que je venais de vivre avec elle. N'avais-je pas son corps contre moi ? N'avais-je pas, moi aussi, par ce miracle, retenu cette « joie étrange qui descend du ciel vers la mer ? » Je me sentais un brin camusien, même si je n'avais rien de Camus. Lui aurait déjà exploré Sarah dans tous les sens alors que je n'explore que les sensations. N'est pas Camus qui veut. Oubliant *Noces*, elle m'apprit que c'était l'endroit préféré de Camus. « Ici, il avait tout ce qu'il aimait : le ciel bleu, la mer tout aussi bleue en contrebas, la nature et sans doute une belle femme, éléments nécessaires à tout bonheur camusien », me chuchota-t-elle d'une voix douce. J'ai toujours été intrigué par cette stèle. À chaque fois que je visitais avec ma famille les ruines, je venais méditer près d'elle. Selon l'un des guides, c'est un admirateur allemand de Camus qui l'aurait érigée juste après le décès de l'écrivain. Du coup, j'ai mis du romantisme sur tout le peuple allemand. J'ai même commencé à lire Goethe par gratitude. Je voulais partager mes connaissances avec Sarah.

Elle rit, le rire de l'érudit devant le profane :

– Mais qui t'a raconté cette histoire ? C'est l'œuvre d'un ami de Camus, Louis Miquel, un architecte qui a fait partie de la même troupe que lui, Théâtre et Travail.

Adossés de chaque côté de la stèle dans une pose d'amoureux boudeurs, on regardait, chacun de son côté, vers d'autres horizons. Je pensais à Camus et je comprenais son déchirement. Il ne pouvait pas se résigner à quitter ce paradis où tout était mêlé dans une folle étreinte : la mer, le soleil, la nature. À défaut de choisir ouvertement, il a préféré le silence, « refuge des faibles et splendeurs des forts », selon de Gaulle qui avait fait son choix, lui. Camus était un écrivain fort, mais un homme faible. Faible parce qu'il était amoureux de Tipasa et de cette terre qui l'a vu naître et dont il pressentait l'arrachement.

– À qui pensez-vous ? me chuchote la voix derrière moi.

Je ne voulais pas mentir, pas ici, pas avec elle si gentille, par miracle, avec moi depuis qu'on a mis les pieds dans les ruines.

– À Camus et à son désespoir. Je pense que la mort lui a évité un véritable chemin de croix…

Elle fait une jolie moue de déception.

– Et moi qui croyais que vous pensiez à moi. Méchant homme qui a la même nuque que mon défunt père !…

Je la remerciai pour cette comparaison qui m'honore. J'en déduisis qu'elle faisait partie de la cohorte des victimes d'Œdipe qui aiment sortir avec les hommes d'un certain âge. En moi, c'est le père sécurisant qu'elle devait chercher. J'étais venu avec une collègue séductrice, je repars avec ma fille. Elle me prit par la main et nous quittâmes cet endroit sacré.

Sur notre chemin, elle s'arrêta et coupa avec beaucoup de grâce une branche d'absinthe, une odeur forte et amère vint chatouiller mes narines. L'absinthe ploya en hommage à la femme qui l'a amputée. Elle sait reconnaître les enfants de Camus. Soudain gaie et espiègle comme elle sait l'être, elle dit en prenant un air de prof :

– Je suis la plante d'Artémis, la déesse grecque responsable de tant de morts violentes. Mais je sais être aussi un antidote au poison au cas où l'on vous empoisonnerait. Mais comme vous n'avez pas de cœur, cela ne risque pas d'arriver. Camus m'adore, Sarah m'adore, et Nabil, est-ce qu'il m'adooorrre ?

Elle était si adorable que je n'ai pu me retenir de rire. Quelle comédienne ! Je répondis :

– Oui, j'adore l'absinthe…

Elle s'éloigna de moi en dansant, bras déployés, à la manière de Zorba le Grec. Quand elle fut assez loin, elle s'écria :

– Si vous ne me dites pas que vous m'aimez plus que l'absinthe, je me transformerai en statue romaine.

J'étais tout sourire. Je ne pus que hoqueter :

– Revenez, je vous aime plus que l'absinthe !

Elle revint pour reprendre d'autorité ma main.

– Enfin une parole gentille !

En franchissant la porte de sortie des ruines, j'enlevai doucement ma main de la sienne. Elle me regarda étonnée.

– Monsieur a peur d'être vu…

Je répondis par défi :

– Exactement, j'ai la trouille…

Elle me toisa et reprit d'un air crâne :

– Monsieur a peur de son épouse…

Même réponse de ma part :

– Exactement, j'ai la trouille…

Je dois avouer que ce mélange de tendresse et d'impertinence, s'il m'a déconcerté au départ, commence à me fatiguer.

– Allez, direction grand-père ! Vous allez voir, il va beaucoup vous plaire ! Il est formidable ! dit-elle avec enthousiasme.

Je lui répondis que je n'en doutais point. S'il a été l'ami de Camus, c'est qu'il doit être forcément hors du commun. Avant de quitter les ruines, je leur jetai un dernier regard. Sarah n'en fit rien. N'a-t-elle rien oublié d'elle-même dans cet endroit si plein de Camus et désormais de nous-mêmes ? Je me disais que si elle n'avait rien voulu garder, c'est que rien ne méritait de l'être à ses yeux.

20

La maison de grand-père est située sur la route de Cherchell, à la sortie de Tipasa. Villa de type colonial, elle fait face à la mer qui lèche les fondations du mur de la clôture du jardin, les creusant jusqu'à les déchausser et dévoilant de grosses pierres taillées. Si de loin elle faisait illusion, de près elle accusait le poids des ans et du manque d'entretien.

Je me dis que si grand-père ressemble à sa maison, il doit être en piteux état. L'air marin qui me fouette le visage, l'odeur du sel et des mille parfums qu'on ressent à proximité de la mer me font paraître mes pensées bien bourgeoises. Il y a de la poésie dans ce lieu. Qu'ai-je à faire de l'état de la bâtisse ?

Avant de pénétrer dans la villa, Sarah se délesta de son mocassin de marque Watson comme elle me l'a fait savoir non sans fierté. « Les Watson ne sont pas faits pour tous les pieds », me dit-elle, ajoutant que c'est leur slogan publicitaire. N'empêche, le mal est fait : je me suis senti visé. Sachant que je n'ai pas les moyens de me payer des chaussures qui doivent coûter une fortune, elle aurait pu faire l'économie de ce slogan qui me renvoie à ma modeste condition de prof de lycée. Comme elle n'est pas à sa première indélicatesse, je finis par croire qu'elle appartient à cette sorte de personnes qui blessent involontairement.

Elle mit ses pieds dans l'eau, cheveux au vent, et m'expliqua que c'est un rituel qu'elle fait à chaque fois qu'elle lui rend visite, ajoutant qu'elle fait toujours un vœu, et qu'il est toujours exaucé. J'étais curieux de connaître le vœu qu'elle avait formulé et le lui demandai. Elle sortit ses petits pieds de l'eau et les mit tout trempés dans ses chaussures en disant sur le ton d'une petite fille qui voudrait épater ses copines : « Les Watson sont conçus pour accueillir des pieds mouillés. » Puis, se rappelant la question que je lui avais posée, elle dit avec un air mystérieux :

– Pas maintenant… Je vous révélerai le vœu sur le chemin du retour.

Grand-père, ayant certainement entendu nos voix, nous accueillit sur le perron de la maison. Sa petite-fille lui sauta dans les bras. Ils s'étreignirent longuement. Je me sentais tel un intrus, bras ballants, ne sachant que faire. Ils desserrèrent enfin leur étreinte et Sarah me présenta :

– Grand-père, je te présente un ami, Nabil Benkamoun, un fou de Camus qui voulait te connaître !

Il me tendit sa main en me disant d'une voix éraillée de vieux boucanier :

– Enchanté, Nabil, les fous de Camus sont mes amis d'office.

Je ne pus que balbutier :

– Tout le plaisir est pour moi, monsieur Rabia.

Il me fixa de ses beaux yeux bleus et me gronda :

– Allons, allons Nabil, laisse le monsieur pour les gens comme il faut, appelle-moi Rabie. Allez, entrons dans la maison. On sera plus à l'aise pour discuter.

Le vieil homme était beau, de cette beauté qu'on appelle le caractère. Les cheveux blanc neige décoiffés, le teint halé, le nez fort, il ressemblait aux vieux loups de mer qu'on voit à profusion dans les films d'aventure hollywoodiens. Il avait dû être un véritable Apollon quand il était plus jeune. Comme si elle m'avait entendu, Sarah qui nous devançait se retourna pour me chuchoter :

– Il est beau, grand-père !

Je lui répondis à voix basse, juste pour la taquiner :

– Beau sans des Watson aux pieds.

Elle me céda le passage et me rétorqua enjouée :

– Comme vous ! Les hommes beaux n'ont pas besoin de belles chaussures.

Le chaud après le froid. Ou suis-je trop susceptible ? Warda me dit souvent que je ramène tout à moi. Peut-être qu'elle a raison. Mais les flèches de Sarah sont bien réelles. Et comme répétait souvent ma mère : « Le cœur n'est qu'un bout de viande », une façon de faire comprendre qu'il n'est pas fait d'acier ou d'autre matériau inoxydable et indestructible. Et mon cœur est une viande tendre.

Nous entrâmes dans une pièce au décor spartiate. À part quatre fauteuils et une table basse, il n'y avait rien. Juste une photo en noir et blanc accrochée à un mur. Deux hommes en maillot de bain font la grimace sur fond d'une mer démontée. Le premier était Camus, mince et même maigre, le second une sorte d'Hercule à la tignasse noire. Ayant sans doute suivi mon regard, grand-père dit en me désignant la photo :

– C'est une photo prise dans les années quarante par mon épouse Sarah à l'endroit où j'ai construit cette maison. On faisait les pitres parce que Sarah nous avait dit que selon Montaigne un bon mariage c'est celui « d'une femme aveugle avec un mari sourd » et Camus lui avait répondu que le meilleur mariage est celui qu'on ne fait pas. Comme Sarah faisait mine d'être fâchée, on a commencé à faire les idiots pour la dérider. Et c'est à ce moment qu'elle nous a pris en photo !

Ainsi donc le deuxième homme était Rabia Rabie. C'est Sarah qui prit la parole la première, avec l'autorité d'une femme qui a l'habitude de commander :

– Grand-père, Nabil souhaiterait que tu lui parles du vrai Camus que tu as connu et non pas de celui qui a été statufié par certains et vilipendé par d'autres.

Sitôt sa phrase terminée, elle se lève en fredonnant : « Je vais préparer un thé à la menthe… »

Le vieil homme a un regard de tendresse pour sa petite-fille.

– Vous ne trouvez pas qu'elle est formidable, ma petite chérie !

Surpris par cette interrogation qui n'était en fait qu'une façon de dire son amour pour sa petite-fille, je répondis quand même le plus sérieusement du monde que c'était un être rare, d'une grande culture. Grand-père hocha la tête, et me dit :

– Ça me fait vraiment plaisir de voir qu'il y a encore des Algériens qui s'intéressent au vrai Camus.

Il réfléchit un moment puis s'interroge :

– Par quoi vais-je commencer, par quel Camus, tant il était multiple ?

Puis désignant du doigt la photo au mur, il s'exclame :

– Camus était la joie même. Je n'ai jamais vu de compagnon en qui cohabitaient la légèreté la plus jouissive et la gravité la plus tragique. Il pouvait, dans l'instant même, décrocher d'un débat sur Nietzsche pour roucouler avec une belle. C'était d'ailleurs un formidable danseur, d'une élégance et d'une courtoisie telles qu'il nous laissait peu de chance avec les filles. Il avait pourtant des amis plus beaux et plus forts que lui.

J'allais lui répondre comme vous, mais je n'ai pas osé.

La voix prenait une teinte admirative :

– Mais aucun ne pouvait rivaliser avec son charme…

– Vous savez ce qu'est le charme : une manière de s'entendre répondre oui sans avoir posé aucune question claire, lança Sarah qui venait d'arriver avec des verres de thé sur un plateau d'argent.

– Qui a dit ça ? demanda grand-père.

– Ton ami Camus dans *La Chute*, répondit du tac au tac la jeune femme, en me jetant un coup d'œil complice.

L'homme s'esclaffa comme s'il venait d'entendre d'outre-tombe la voix de son ami :

– Où est-ce que j'avais la tête ? C'est exactement ce qu'avait Camus ! Les femmes lui tombaient dans les bras sans qu'il ait fait le moindre effort. Et il tombait toutes celles qui lui plaisaient.

L'occasion était trop belle pour ne pas en profiter.

– Avait-il des amies algériennes ?

Le vieil homme ne répondit pas tout de suite. Je vis son front se concentrer dans un effort de mémoire, comme s'il essayait de sortir des brumes du passé un souvenir, un visage.

– Je pense que je l'ai vu une fois ou deux avec une jeune femme d'origine arabe. Mais je doute fort qu'elle ait été son amie au sens où l'on entend partage de sentiments, peut-être sa maîtresse pour un court moment... peut-être pas. En tous les cas, elle paraissait très éprise de lui...

Ce que j'entendis m'a un peu raidi. Je voyais un Camus choisissant froidement ses conquêtes comme un maquignon sélectionnerait des vaches et des brebis. Il fallait tirer cette situation au clair.

– Pourquoi doutiez-vous qu'elle ait été son amie et même sa maîtresse ? Était-elle moche et bête ?

La grande carcasse de l'octogénaire se secoua de rire, suivie à l'unisson par sa petite-fille qui s'esclaffa :

– Nabil a toujours des questions étonnantes ! Je ne sais pas d'où il les sort.

Le vieil homme se reprit.

– La fille était très belle, vraiment belle... Elle ne parlait pas beaucoup, donc je ne peux pas juger de son intelligence, mais belle et charmante oui ! Si je doutais de leur relation, ce n'est pas tant à cause de la fille que de Camus. À l'époque, les petits Blancs ne fréquentaient pas les musulmans. On pouvait sortir avec une fille de mauvaises mœurs de naissance européenne, mais pas avec une autochtone de bonne famille, et Camus ne faisait pas exception à la règle. Il n'avait d'ailleurs pas d'amis musulmans. Même Ouzegane qu'il aimait pourtant bien n'était pas son ami, mais un ex-compagnon du Parti communiste...

Comment se fait-il qu'il ait été son ami, lui ?

Je me retins de lui poser cette question. Je n'allais pas lui mettre sous le nez sa propre contradiction. N'empêche, je n'en sais pas plus sur la mystérieuse algérienne de Camus... Comme il avait sans doute peur que je ne m'abuse à propos de son ami, le vieil homme m'interpella avec plus de conviction. Le conteur devenait plaideur.

– Ne vous trompez pas sur Camus. Il n'était pas raciste. Il aimait tous les humains, mais c'était un Français bien de son époque. Quand il faisait ses reportages en Kabylie, je l'ai souvent vu les yeux embués de larmes. Tous ceux qui souffraient étaient proches de lui. Il s'est toujours battu contre l'injustice faite aux Arabes. Et croyez-moi, à l'époque, peu avaient ce courage. Camus était un homme de grande bonté. Contrairement à beaucoup d'hommes issus de milieux pauvres, il n'était pas avare. Il savait donner.

Tout en l'écoutant, je voyais se dessiner un Camus d'une grande sensibilité, mais aussi d'une grande complexité. Fils d'une femme de ménage et d'un caviste, pourquoi n'a-t-il pas pris position pour la fin de l'asservissement de la majorité des premiers habitants de l'Algérie par une minorité européenne ? Il eut un geste d'impatience, sa main droite balayant l'air rageusement, ce qui alarma Sarah :

– Grand-père, ça va ? Il ne faut surtout pas t'énerver… Ce n'est pas bon pour ta tension artérielle.

Elle me jeta un regard suppliant. Je compris qu'il fallait m'excuser, même si je n'avais rien dit qui aurait pu le mettre en colère.

– Je ne voulais pas vous irriter.

Les yeux étonnés du vieil homme faisaient le va-et-vient entre Sarah et moi.

– Mais qui vous a dit que j'étais énervé ?

Sarah lui murmura tendrement comme si elle s'adressait à un gâteux :

– Ton geste de colère…

Son grand-papa sourit.

– Ah ! Mon geste ! Mais c'était pour chasser une mouche qui m'importunait…

Sarah s'excusa en me regardant du coin de l'œil.

– … Ah, oui, mais où avais-je la tête !

J'avais compris qu'il était le seul à avoir vu cette mouche. Effet de la tension artérielle sans doute. Fine mouche, c'est le cas de le dire sans jeux de mots, Sarah a compris très vite que la mouche était dans la tête de son grand-père. Elle a agi en conséquence et avec tact. Je ne l'en admirais que plus. Son dard mis de côté, je devais reconnaître qu'il y avait une jeune femme d'une grande finesse et d'une délicatesse tout aussi remarquable.

Fatigué sans doute par la tension ou n'ayant pas fait sa sieste habituelle, le vieil homme avait des moments de somnolence quand il ne parlait pas. Je décidai d'aller droit au but en abordant le sujet qui divisait beaucoup d'intellectuels algériens.

– Si j'ai bien compris, Camus n'était pas pour l'indépendance, il ne se définissait pas non plus comme écrivain algérien…

Le vieil homme bourra une pipe sortie du tiroir de la table basse, l'alluma, aspira langoureusement, yeux fermés, et dit, l'air rêveur :

– Quand je pense à lui, je me dis quel gâchis ! Quelle perte qu'il soit mort si jeune !

Et il se tut, me regardant comme s'il attendait une autre question de ma part. Les secondes s'égrenaient et ma gêne grandissait. Visiblement, sa digression lui avait fait oublier ma question.

C'est Sarah qui sauva la mise :

– Grand-père, Camus se définissait-il comme un écrivain algérien pro-indépendance ?

J'admirai une nouvelle fois son tact. Elle a fait l'impasse sur ma question pour ne pas rappeler à son grand-père son oubli. Le vieil homme s'excusa tout seul :

– Ah, oui ! C'est vrai que Nabil m'a posé cette question. Pour vous dire, Camus me disait toujours quand il me voyait m'éloigner du sujet : « Droit au but Rabie… Droit au but comme dans le foot… » Je disais alors…

Il se tut en fronçant les sourcils. Ses trous de mémoire étaient pénibles pour moi. Et sans doute encore plus pour Sarah qui vola à son secours sans attendre :

– On parlait de Camus écrivain algérien…

Rabia Rabie s'exclama :

– Ah oui, je me rappelle ! Camus n'était pas pour l'indépendance de l'Algérie, mais pour un État fédéral relié à la France, où les deux peuples pourraient coexister pacifiquement avec les mêmes droits et les mêmes devoirs. C'était une belle utopie. Pour que ce fût possible, il eut fallu à la fois que la France verse moins de sang, car les ultras ont appliqué la stratégie de la terre brûlée, et au FLN un Nelson Mandela, c'est-à-dire un leader incontesté et incontestable. Il y avait bien Ferhat Abbas qui rejoignait Camus dans cette vision, mais il était isolé et sans pouvoir.

Il tira sur sa pipe et poursuivit sans qu'on ait besoin de lui rappeler la question. Surprenant homme.

– Quant à savoir si Camus était un écrivain algérien ou pas, je peux vous certifier que lui-même a déclaré dans une conférence qu'il était fier d'appartenir à une école d'écrivains algériens qui comprenait autant de noms d'Arabes que de noms français. Après sa mort, Mohammed Dib a affirmé de son côté que, pour lui, Camus était un écrivain algérien.

Puis changeant de ton, sortant même, à ma grande surprise, de la semi-torpeur dans laquelle il était, il m'apostropha avec vigueur :

– Écoutez-moi bien, Nabil. Prenons Camus dans cette perspective d'écrivain français d'Algérie et non d'écrivain algérien, jugeons-le à travers ses actes : la dénonciation de la misère en Kabylie, la dénonciation de la répression des émeutes du 8 mai 1945 à Sétif et Guelma en écrivant dans *Combat* que la fin des « impérialismes occidentaux » est irréversible. Il a défendu dans le même journal, et il était bien le seul à l'époque, Ferhat Abbas, et même Messali Hadj, qui était pour l'indépendance de l'Algérie.

En l'écoutant, j'avais l'impression d'entendre sa petite-fille qui m'avait tenu presque le même discours au restaurant. Il s'arrêta de parler et me fixa de son beau regard bleu qui a dû affoler bien des femmes. Il me prit à témoin :

– Un Français qui a de pareils états de service est-il un modéré, un tiède, un salaud ?

Je répondis sincèrement :

– Bien au contraire : c'est un homme admirable qui mérite le respect des Algériens.

– Et comment ! Je ne vous ai pas parlé de son intercession auprès du gouvernement français pour environ cent cinquante-cinq prisonniers algériens.

Il s'arrêta, essoufflé, sortit un comprimé du tiroir et le prit avec un verre d'eau. Requinqué, il reprit de plus belle :

– Avez-vous lu le témoignage de Mohamed Lebjaoui, un authentique militant du FLN ? Il décrit Camus d'une manière élogieuse dans son livre *Vérités sur la révolution algérienne.* Lebjaoui, vous connaissez ?

– J'en ai entendu parler, mais je ne l'ai pas lu…

– C'est un vrai patriote, un pur et dur, un intellectuel. C'est Lebjaoui qui fut l'un des organisateurs de la réunion du Cercle du progrès en janvier 1956, au cours de laquelle Camus lança son appel pour une trêve civile.

Il posa sa main sur le tiroir de la table et en retira un livre à la couverture blanche barrée par des lettres noires et rouges. C'était l'ouvrage en question. Il l'ouvrit à une page pliée en deux. Il devait la consulter souvent. Sans doute pour faire justice à Camus en la montrant à tous ceux qui l'interrogeaient sur lui. J'ai admiré cette fidélité au disparu. Il sortit ses lunettes de vue de la poche de sa chemise et commença à lire d'une voix posée :

– « Et je suis, pour ma part, convaincu que si le FLN, après mon arrestation, avait renoué avec lui des rapports confiants, son intelligence autant que son amour de l'Algérie l'auraient encore rapproché de nous. Sa mort brutale, un an plus tard, laisse la question en suspens. De lui, je ne garde donc que cette dernière image. À la sortie du Hoggar, au moment de nous séparer, il me serra le bras : "Lebjaoui, me dit-il, j'habite rue

Madame. Ma maison est à vous. Vous pouvez vous y réfugier quand bon vous semblera." »

La voix nouée par l'émotion, Rabia poursuivit :

– Seul un frère peut faire cette proposition à un membre important du FLN, à une époque où beaucoup d'intellectuels algériens se terraient. Quand vous lisez le témoignage chaleureux et ému d'un authentique militant algérien sur Camus écrivain français, quand vous vous rappelez ce que j'ai dit tout à l'heure sur ses combats et ses engagements, vous oublierez les jugements négatifs sur lui pour ne retenir que son courage, son humanisme et son idéalisme pour les causes qu'il défendait. Ne perdez jamais de vue que c'est un Français d'origine pauvre ayant du sang espagnol par sa mère, d'où son besoin d'appartenance à un peuple, les Français, et à un pays, l'Algérie.

Cette longue tirade l'avait épuisé. Il déposa sa pipe dans une niche murale et s'essuya le front avec un mouchoir que lui avait tendu Sarah. J'allais le remercier quand il me dit d'une voix lasse comme s'il en avait gros sur le cœur :

– Nous allons parler maintenant des écrivains d'origine musulmane contemporains de Camus. Nous allons parler des nôtres, si vous voulez bien.

Je ne voyais pas où il voulait en venir. J'ai toujours cru que les écrivains algériens, tous décédés, étaient des nationalistes. A-t-il des informations inédites sur eux ?

Après avoir bu une gorgée de thé, il reprit posément :

– Jugeons nos écrivains sur leurs écrits et leurs actes. Que trouvons-nous ? Des hommes moins engagés que Camus, à une ou deux exceptions près. Il y en a même qui ont qualifié les moudjahidine de hors-la-loi, de fellagas et de terroristes qui les ont dérangés dans leur quiétude ! Pourquoi sommes-nous tolérants avec eux alors qu'ils méritent qu'on soit encore plus exigeants que l'on ne l'a été avec Camus. Celui-ci, somme toute, était un Français et les nôtres, ils étaient français aussi ? Mais qui était le plus algérien dans ses actes, dites-moi, Nabil ?

Même si je connaissais mal la position et l'engagement des

écrivains algériens par rapport à la guerre d'Algérie, je ne voulais pas rentrer dans son jeu. Camus n'était pas algérien. Et il était hors de question que je l'algérianise parce qu'il s'était engagé plus que d'autres. Je répondis prudemment, en me promettant d'éclaircir ce point rapidement :

– Camus a eu un comportement de Français humaniste épris d'idéaux et de valeurs de justice et de droit. Je pense que les autres ont été pour l'indépendance de l'Algérie, même s'ils en ont moins fait, comme vous dites, que Camus qui était contre. Pour être franc, je ne connais pas la contribution des écrivains algériens de souche à la guerre de libération nationale.

– Vous ne savez pas ce qu'ils ont fait, à la bonne heure ! Moi, je sais que Jean Sénac a déclaré à Camus qu'il est monté trois fois au maquis et qu'il a été refusé à chaque fois. D'ailleurs, il a rompu avec Camus à cause de leurs positions divergentes sur la guerre d'Algérie. Je vais vous dire ce que les nôtres auraient dû faire par rapport à Camus. Ils ne pouvaient pas ou ne voulaient pas combattre par les armes, qu'ils combattent par les écrits, qu'ils informent le monde entier sur la justesse de la révolution algérienne.

Et comme pour prévenir toute objection de ma part, il ajouta :

–Et qu'on ne me dise surtout pas qu'ils ont été censurés ou qu'ils n'avaient pas d'éditeurs pour publier leurs écrits. Alleg a bien édité son terrible réquisitoire contre la torture, *La Question*, en 1958, au plus fort de la guerre de libération, non ? Il y avait des éditeurs anticolonialistes qui auraient été heureux de publier nos écrivains, croyez-moi.

Je connaissais bien *La Question*, ce pamphlet admirable de l'ancien directeur d'*Alger républicain*, et les conditions dans lesquelles il avait été publié, je ne pouvais donc qu'abonder. Puisqu'il trouvait que son ami Camus s'était plus engagé que les écrivains autochtones, j'étais tenté de lui dire : « Et vous, Algérien comme eux, qu'avez-vous fait ? » Bien entendu, je ne pouvais oser poser ce genre de question impertinente… par correction. Je n'ai pas été élevé dans un milieu qui ose. Les gens de ma génération ont été élevés dans un milieu où les enfants ont toujours tort avant même de parler. D'ailleurs, on n'avait pas le droit à la parole. Le seul droit dont on pouvait jouir était celui de nous taire. Ce n'était même pas un droit, mais une façon d'être.

Il me restait une énigme qui me triturait l'esprit. Elle était peut-être futile cette question, mais je voulais en avoir le cœur net concernant le Hoggar dont parlait Lebjaoui. Était-ce un bateau ou notre Hoggar du Sud ? Je le lui demande. Il me répondit le regard perdu dans ses souvenirs que c'était un restaurant parisien qui servait de la cuisine algérienne et notamment un délicieux couscous.

Sarah lui prit tendrement la main et le remercia avec effusion.

– C'est une formidable leçon sur Camus. Je m'attendais presque à le voir surgir tant il était vivant dans ta bouche… N'est-ce pas, Nabil ?

Sollicité par la petite-fille, il me fallait tresser des lauriers au grand-père. Ayant grandi dans l'Algérie socialiste, j'ai appris dès l'école le maniement de l'encensoir :

– C'est vrai, j'ai plus appris avec M. Rabia que dans tous les livres que j'ai lus. C'est un autre Camus que j'ai découvert avec vous. Merci, merci beaucoup…

Devant la villa, face à la mer, je pensais au temps où Rabia et Camus étaient si heureux ensemble. Je pensais à la photo où on les voyait faire les pitres. Se pouvait-il qu'un Algérien puisse être heureux durant cette époque noire du colonialisme ? Je me décidai à lui poser cette dernière question juste pour comprendre le point de vue d'un ami de Camus. Il me regarda longuement, sa crinière blanche balayée par la brise marine, sa petite-fille contre lui, et me répondit :

– Oui, on pouvait être heureux de vivre une amitié ou un amour. On peut être heureux à sa propre échelle…

Il me scruta, l'air soucieux, comme s'il voulait faire remonter à sa mémoire un souvenir oublié. Il me chuchota :

– Vous me rappelez quelqu'un !

À ces mots, je sentis une main de fer étreindre mon cœur. Je pensais que j'avais franchi avec succès l'épreuve de la supposée ressemblance avec l'Algérienne, amie de Camus. Mon test a été positif dans la mesure où l'ami de Camus n'a vu aucune parenté de traits entre moi et la femme, et puis vlan ! Voilà que la réalité me rattrape. Je tremblais d'impatience en attendant son verdict. Le visage du vieillard s'éclaira et ma face s'assombrit si tant qu'elle pouvait l'être encore plus. Tout à son bonheur auprès de son aïeul, Sarah n'avait pas remarqué mon trouble. Rabie Rabia s'écria comme s'il allait raconter une bonne blague qui le faisait rire à chaque fois :

– Mais oui ! On dirait que tu es le fils du brave Khodja qui était mon compagnon de geôle ! Vous avez les mêmes yeux et la même façon de regarder votre interlocuteur…

Il prenait à témoin Sarah comme si elle connaissait ce Khodja. Je n'étais pas soulagé pour autant par sa réponse. Ce Khodja ne pouvait être que le frère de l'amie algérienne de Camus. Ce vieil homme a oublié les yeux de la femme, l'ayant peu vue, mais il s'est parfaitement rappelé ceux de son compagnon d'infortune. J'étais sur des braises. Je mourais d'envie de l'entendre me parler de ce Khodja, mais après l'avoir harcelé sur Camus, je ne pouvais plus dire un mot au risque de passer pour un importun. C'est Sarah qui me vint en aide et si j'avais pu, je l'aurais embrassé :

– Et il est toujours vivant ?

– Il a passé quatre ans de prison avec moi, puis il a été exécuté. Que Dieu ait pitié de son âme.

Je n'étais pas plus avancé ; il me fallait savoir tout de suite si Khodja n'avait pas, par hasard, une sœur qui aurait, bien entendu, les mêmes yeux que lui, les mêmes yeux que moi. La mère que me prête mon oncle. Mort d'impatience, spécialiste depuis peu en mensonge en tout genre, je trouvais un subterfuge pour avoir la réponse, bonne ou mauvaise, que je voulais.

– J'ai eu une très belle enseignante qui s'appelait Khodja… Elle était peut-être sa sœur…

Il respira l'air marin et murmura d'une voix triste :

– Non, il était fils unique. J'ai bien connu sa famille après sa mort.

Mon cœur se remit à battre. J'étais sauvé ! Je ne suis pas le fils de Camus. Fils d'un illettré sans doute, mais point bâtard ! Mon père n'a pas eu le Nobel, mais c'est mon père, mon seul père dont je porte le nom… J'avais envie de hurler ma joie en me jetant dans la mer sans plus tarder. Même si je ne croyais pas trop à l'histoire de mon oncle, il avait quand même semé un soupçon de doute au fond de moi, qui me tourmentait, me tarabustait. J'ai tenu la bride courte à mes appréhensions, ne les laissant me déborder que quand je ne pouvais pas les garder. Depuis les confidences de mon oncle, la crainte ne m'a pas quitté. Comme tous les inquiets, je panique pour un rien et je tiens ce rien pour un tout, et ce tout pour vérité. J'ai atteint un âge où rien ne peut me surprendre. Tout cela, je ne pouvais le dire ni à l'ami de Camus ni à la belle Sarah. Je me voyais mal leur avouer de but en blanc : « J'ai eu peur d'être le fils de Camus. Ouf ! Je l'ai échappé belle grâce à votre témoignage, M. Rabia. » Celui-ci m'aurait ri au nez en me rabrouant : « Être le bâtard de Camus est un privilège ! » Et Sarah aurait sans aucun doute susurré avec son sourire moqueur : « Vous lisez trop de romans, mon pauvre ami. »

Au moment du départ, j'ignorai la main que me tendait Rabie Rabia et lui donnai deux bises. Surpris par mon geste, il me dit avec un sourire taquin :

– Pourquoi vous intéressez-vous tant à Camus ?

– Parce que c'est un grand écrivain dont les textes restent d'actualité.

Il hocha la tête de satisfaction. Que pensait-il de moi ? Je n'avais pas pour habitude d'exprimer mon amitié à une personne que je venais juste de connaître. Je lui aurais raconté mon incroyable histoire, il aurait compris pourquoi j'ai manifesté tant de reconnaissance pour lui ; lui le témoin de Camus, dans ses amours. Et ses amours seulement m'importaient. Juste avant de se quitter, il demanda à Sarah des nouvelles de sa mère. La jeune femme réconforta le vieil homme : « On s'appelle tous les deux jours. Elle va très bien. »

21

J'ai pris place à côté de Sarah. Elle me dit :

– Je sais que ça vous étonne que grand-père me demande des nouvelles de sa propre fille, mais ils sont fâchés depuis qu'elle a décidé de vivre en France après le décès de mon père.

Ne sachant quoi dire après cette intrusion dans son intimité, je hochai juste la tête, un peu gêné. En réalité, je n'étais pas étonné qu'il n'ait pas des nouvelles de sa fille. Moi-même je mettais parfois un mois pour donner signe de vie à mon père sans qu'il cherche lui-même à me contacter. La voiture a démarré lentement, comme si elle avait du mal, elle aussi, à s'arracher à ce paysage magnifique. Je jetai un dernier regard à Rabie Rabia qui nous saluait de la main. Sarah l'observait dans le rétroviseur. Puis, avant même qu'on ne s'éloigne, il rentra dans sa maison.

– Grand-père n'aime pas les adieux. En un mois, il a perdu les deux êtres qu'il aimait le plus au monde, ma grand-mère Sarah, morte sous les balles des soldats français au maquis où elle était infirmière, et son ami le plus cher, Camus.

Je fus, une fois de plus, étonné par la perspicacité de Sarah. Lisait-elle dans mes pensées ? Elle se tourna vers moi.

– Je pense qu'avec ce qu'a dit grand-père vous avez assez d'éléments pour informer votre ami…

Je ne comprenais pas ses propos.

– Vous parlez de quel ami ? lui demandai-je étonné.

Surprise par ma question, elle fronça les sourcils et répondit sur un ton que je trouvais ironique :

– Vous m'aviez confié au Targui que vous aviez un ami qui craignait d'être le fils bâtard de Camus, non ?

Confus, je m'excusai par une pirouette.

– C'est vrai. Ce que m'a raconté votre grand-père était si captivant que j'en ai oublié mon ami !

Elle eut l'air de se satisfaire de cette réponse. Même si son sourire amusé restait sur ses lèvres. Il me paraissait impossible qu'une fille aussi fine et aussi intelligente fût dupée par mon histoire. Elle n'a rien dit.

J'essayais de fixer dans ma mémoire cette villa hors du temps construite sur les lieux d'un bonheur à jamais enfui. Rabia a été heureux, sans aucun doute. Il a tout eu : l'amitié de Camus et la reconnaissance de la patrie pour ses états de service. Subrepticement, l'image de mon père surgit. Elle s'incrusta non dans ma tête, mais dans mon cœur qu'elle mordit. Comment se fait-il que je connaisse la vie de Camus mieux que celle de mon père ? Comment avoir été si obsédé par l'écrivain au point de vouloir tout savoir sur lui alors que j'ai vécu plus de cinquante ans avec mon père sans chercher à le connaître ? Avec lui, j'étais indifférent. Avec Camus, je suis passionné. Comme si être le fils de mon père ne méritait aucun effort de ma part. J'étais accablé. Un sanglot me serra la gorge. Je culpabilisais. Si je ne connaissais pas mon père, qui le connaîtrait à ma place ? Camus est dans le cœur de millions de lecteurs qui l'aiment. Mon père n'est qu'en bordure de route, sur le travers du chemin qui mène à mon cœur. Je me décidai à le chercher pour le remettre à sa place, dans son écrin, dans mon cœur. Je remerciais Camus de m'avoir permis de prendre conscience de ma faute. Maintenant, je suis tout aussi pressé de marcher sur les traces de mon père que je l'ai fait sur celles de Camus. Dès ce soir, Hadj Bazooka pourra me parler de lui. Je me sentais mieux à cette perspective.

En cherchant Camus, j'avais trouvé mon père.

Je regardais Sarah. Son beau profil aérien était celui d'une figure de mode. Silencieuse, elle était plus intimidante. La beauté, comme les œuvres d'art, est toujours intimidante de toutes les façons. Elle a un côté mystérieux qui la rendait insaisissable, inaccessible, ce qui accentue son pouvoir d'envoûtement. C'est ce qui m'a toujours rendu méfiant vis-à-vis des belles femmes. Elles n'attirent que pour mieux rejeter. Je ne sais rien de la vie sentimentale de Sarah. Mais je suis sûr que sa route est parsemée de cadavres d'amoureux. Cette femme est une vraie mante religieuse, une tueuse de soupirants. Peut-être malgré elle. Sa beauté tue ce que son cœur refuse. Tant pis pour ceux qui se font attraper. J'étais presque heureux de me retrouver séduit mais non amoureux de Sarah. J'en suis fier. Je me sens invincible.

Je pensais à son grand-père. Il y avait quand même une certaine contradiction dans son raisonnement. Une entrave à la logique. D'une part, il me dit que Camus n'avait pas d'amis arabes, de l'autre il l'a bien été. Je n'arrivais pas à m'expliquer ce paradoxe dont il n'avait pas l'air de se rendre compte. Ni sa petite-fille, d'ailleurs. Je voulais lever ce mystère. Je le dis à Sarah qui était toujours repliée dans son silence. Le rossignol avait perdu sa voix. Elle me regarda et me dit d'une voix lasse :

– Qui vous a dit que grand-père est arabe ? Il est espagnol. Rabia en langue ibérique veut dire « rage ». Son vrai prénom est Jean, il se fait appeler Rabie, qu'il a ajouté dans l'état-civil pour ne pas se distinguer.

Je l'écoutais à peine. Le ton de sa voix a rompu le charme dans lequel je baignais. J'ai juste murmuré entre mes lèvres que j'avais compris. C'est vrai que ma question était un peu bête. Comment ai-je pu prendre Rabia pour un Algérien de souche ? Physiquement, il avait tout d'un Européen. Même les Algériens aux yeux et teint clairs ont dans leur regard vif et tranchant ce quelque chose que ma mère définit comme étant le sang algérien. Et M. Rabia ne l'avait pas. Ayant remarqué ma mine boudeuse, Sarah se fit chatte, toutes griffes rentrées.

– Cher ami, vous avez beaucoup plu à grand-père ! Il vous trouve très attachant !

Elle rit à gorge déployée, et ajouta le plus sérieusement du monde :

– À moi aussi !

Après cet aveu, je me détendis totalement jusqu'à la prochaine pique, car il y en aura une, j'en étais sûr. Je commençais à la connaître. Elle appartient à cette race de femmes belles qui pensent que tout leur est permis. Elles disent ce qu'elles pensent, que cela plaise ou pas. Et si on les trouve charmantes, c'est qu'on est tombé dans un moment de grâce, celui de la rémission, entre deux attaques. Ou bien on est fou d'elles au point de tout aimer, même les flèches.

Durant tout le trajet du retour, nous étions silencieux. J'étais un peu triste. Je ne saurais dire pourquoi. C'est comme à la fin d'un film émouvant que l'on ne reverra plus. Je ne me reverrai plus tel que j'étais en cet après-midi, moi l'acteur à la recherche de moi-même dans Camus. Ni elle l'actrice à la recherche en ma personne d'un père perdu trop tôt. Je revivais ce que nous avions vécu en quelques heures : Sarah dans les ruines romaines déclamant *Noces*, Sarah dansant, Sarah belle comme la mer, belle comme le ciel, belle comme le souvenir, belle comme une femme tout simplement. Le retour fut bref, pourtant c'était le même trajet. C'est sans doute moi qui n'avais plus la même perception du temps.

Il fut surtout silencieux et apaisant. Contrairement à ce que je craignais, Sarah ne me décocha aucune flèche. Elle fut prévenante et gentille avec moi, s'enquérant de temps en temps de mon état.

Au moment où j'allais descendre pour rejoindre ma voiture, elle me retint par le bras et me dit :

– Vous ne voulez pas connaître le vœu que j'ai fait quand j'ai mis les pieds dans l'eau près de la maison de grand-père ?

Ému et ravi à la fois par la puérilité de sa question, je répondis :

– Avec plaisir !

– J'ai fait le vœu de revenir très vite avec vous là-bas. On a vécu un très beau moment, Nabil. Quand aurons-nous de nouveau un tel moment ?

Je pensais à Warda et aux enfants. Est-ce que j'avais le droit de faire souffrir les miens pour cette femme au charme incroyable ? Ne vaut-il pas mieux trancher dans le vif en lui coupant ses illusions tout de suite ? Je pris ce parti.

– Sarah, vous êtes un être magnifique, mais vous n'êtes pas pour moi. Je suis marié et j'aime ma femme, je vous l'ai déjà dit hier soir au Targui.

Elle rit, de ce rire d'une femme sûre de son charme et de son pouvoir sur les hommes.

– Vous me faites marcher… J'ai bien vu que vous étiez heureux avec moi, vous étiez plein de vie alors que je vous ai connu tristounet… Avouez que vous m'aimez…

Je l'écoutai stupéfait une nouvelle fois par son assurance. Affirmer que j'étais un zombie avant qu'elle ne me donne vie, il fallait qu'elle soit vraiment sûre de son emprise sur moi. Elle y croit. Elle a dû écraser ses soupirants, et ils ont dû gémir de bonheur d'être molestés par elle. « Écrase-moi, mais que ce soit avec tes pieds gracieux », devait lui dire l'escadron de ses esclaves.

– Non, je ne vous aime pas, je vous trouve très belle, très charmante, très cultivée, mais je ne vous aime pas…

Et j'ajoutai pour atténuer de la dureté de mes mots :

– D'ailleurs vous non plus, vous ne m'aimez pas.

Le sourire confiant qu'elle avait sur le visage céda la place à une mine défaite.

– Pourquoi vous ne m'aimez pas ? Je ne peux pas le croire, aucun homme ne m'a dit ça…

Je la regardai dans les yeux. Je me sentais une âme de justicier. J'étais décidé à dire son fait à cette séductrice se croyant tout permis.

– Vous ne comprenez pas que j'aime mon épouse ? Je suis comme Camus qui a refusé les avances de Beauvoir, c'est vous qui m'avez appris cela.

– Je ne suis pas Beauvoir et vous n'êtes pas Camus… Je sais que je vous plais, je sais que vous vous contrôlez pour ne pas vous laisser aller… Je le vois dans vos yeux…

Je répondis froidement, irrité par son assurance :

– Je peux partir ?

Elle hocha la tête et me tendit la branche d'absinthe qu'elle avait rapportée de Tipasa.

– Gardez-la en souvenir de cet après-midi hors du temps où nous avons été si heureux… Je vous aime, Nabil…

Ses yeux s'embuèrent. Des larmes sur cette peau hâlée, respirant la joie, appelant les baisers, la fête des sens et l'amour libre de toutes barrières chantés par tous les poètes. La musique du poème Elsa d'Aragon chantée par Ferré résonna à mon oreille. « Suffit-il donc que tu paraisses… » Les larmes coulaient toujours. J'étais gêné. J'avais du mal à croire à la sincérité de ce tableau. Je ne répondis rien.

Elle me dit, la voix enrouée :

– Alors adieu…

Et elle me tendit sa joue. Je l'embrassai. Je sentais tous les parfums qui avaient accompagné notre randonnée à Tipasa. Je le lui dis.

– Vous sentez Tipasa…

– Vous sentiez Camus à Tipasa.

Je la croyais sans peine. L'imparfait m'allait bien. J'étais Camus à Tipasa, je suis redevenu Nabil Benkamoun. J'ai rejoint ma voiture. Elle me fait un signe d'adieu. J'ai un petit pincement au cœur. Bizarre, Sarah est à la fois la pluie et le beau temps. Heureux celui qui aura le soleil. Malheureux celui qui aura la pluie. J'ai démarré à mon tour. Il y avait dans mon cœur le soleil. J'ai su échapper à la pluie. À l'alternance du chaud et du froid.

Tout en roulant, je pensais à Sarah, à cette fille extraordinaire qui jouait à cache-cache, qui me lisait *Noces* près de la stèle de Camus, qui dansait devant moi. Elle était irrésistible. Je fus flatté d'avoir été avec elle, heureux de lui plaire. Mais il n'y avait pas de place à l'amour, même si je fus séduit par son originalité et son esprit. Je n'ai jamais douté de cela. L'observer de loin pour mieux admirer sa beauté. Sans plus. Un visage asiatique se greffa sur ma rétine. Je souris à cette image.

23

Quand j'arrivai à la villa de Hadj Bazooka, il était 18h50. On ne pouvait pas la rater. En effet, dès mon entrée à Hydra, j'ai demandé à un badaud s'il pouvait m'indiquer le chemin de la villa « La Belle Algérie », 1, rue du Peuple. Il me dit : « Y a pas plus facile. Continuez tout droit. Vous allez aboutir directement à l'adresse que vous cherchez, elle occupe à elle seule toute la rue du Peuple… » J'étais sûr de m'égarer comme d'habitude, tournant en rond pendant longtemps avant de trouver ce que je cherchais.

À ma grande surprise, j'aboutis directement et facilement à cette rue. À droite, un mur d'enceinte gigantesque faisant au moins huit cents mètres, et à gauche, une multitude d'arbres alignés au garde-à-vous, dont le bas était peint en blanc. On ne pouvait s'empêcher d'avoir un sentiment d'appréhension devant cette démonstration de force. Je n'aurais jamais imaginé que Hadj Bazooka demeurait ici, j'aurais plutôt pensé à un des premiers dignitaires de l'État.

J'étais pressé de voir Hadj Bazooka. En tant qu'authentique légende de la guerre de Libération, Hadj Bazooka ne fréquente que ceux qu'il juge patriotes. Comment expliquer alors le mystérieux lien qui le lie, lui le héros, à un monsieur Tout-le-monde comme mon père ? Peut-être m'apportera-t-il la réponse ? Je voulais l'entendre me parler de mon père. Je lui poserai toutes les questions que j'ai ratées avec papa. Il aura sûrement réponse à mes questions. Bien entendu, il était hors de question de lui demander des faveurs pour Omar et Aldjia. J'ai horreur de demander service, car j'ai horreur qu'on me le refuse. Et puis, le solliciteur est toujours en position inférieure par rapport au sollicité. Je l'ai appris de mes parents. C'est l'une des rares valeurs qu'ils partagent. C'est pour cette raison que j'ai commencé prof et que je finirai prof. Aurais-je été du genre à savoir brandir la brosse à reluire, je serais sans doute ailleurs que là où je suis. Mais ce n'est pas à mon âge qu'on change. Ainsi je suis, rebelle à toute demande, ainsi je mourrai. Il me reste à espérer que ma famille me trouvera une tombe sans avoir à faire la danse du ventre à quelque agent de la mairie… Chassons ces idées noires. J'espère que je vivrai le plus longtemps possible comme le souhaite Warda pour nous. « Tu imagines quel beau couple de vieux nous ferons ! » dit-elle souvent. Je lui resservais toujours la réponse de ma défunte mère : « Je souhaiterais mourir avant le handicap, car la vieillesse y mène toujours. »

J'appuyai sur le bouton en bas du visiophone. Les larges portes de fer forgé du mur de clôture de la villa s'ouvrirent sans que j'aie eu à décliner mon identité. Je m'engouffrai dans une allée somptueuse au milieu d'un éden plus beau que le Jardin d'essais : des chênes, des ficus, des fleurs multicolores d'espèces si inconnues que je ne saurais les nommer, là des fontaines ruisselantes d'une eau claire, ici un cours d'eau. Le Coran évoque les rivières de lait, de miel et de vin. Je cherche, je trouverai probablement. J'entendais des cris d'animaux, des chants d'oiseaux. Je ne pensais pas que pareille merveille existât en Algérie, à Alger même, rue du Peuple.

Enfin, des figures humaines apparurent. Deux hommes en

tenue traditionnelle, gandoura blanche et turban sur la tête, vinrent m'accueillir sur le perron d'une immense maison blanche au style mauresque. Je croyais rêver. J'avais l'impression de voyager dans le temps. Je me retrouvais dans une autre dimension, au XVIIIe siècle, chez un bey ou même un dey. L'escadron de limousines noires stationnées non loin de la bâtisse me rappelais à la réalité et démontrait que mon hôte savait apprécier les avantages de notre époque.

Encadré par les deux hommes, l'un devant et l'autre derrière, j'entrai dans un vestibule vert pistache orné d'épées et de cimeterres accrochés au mur. L'entrée ressemblait à un musée de la conquête musulmane. On m'ouvrit une porte massive et je me retrouvai dans un salon arabe semblable à ceux des chefs de grande tente que j'ai vus dans les films : sol couvert de tapis multicolores d'une rare beauté, des canapés arabes tout le long des murs et, au milieu, une large table basse ronde sculptée. Je m'attendais à voir des vases, des plateaux d'argent, des théières et même des narguilés. Rien. Pour tout décor, il y avait, accrochées au mur, des armes à feu : des fusils en tous genres, des pistolets, des Kalachnikov, et même des grenades ! Un vrai dépôt d'armes. Il mérite bien son nom de Hadj Bazooka. Mais où était mon hôte ? Nulle trace. Je ne savais quoi penser, ni quoi faire. M'asseoir ou rester planté les bras ballants au milieu de cette salle ? Soudain, une voix tonitruante se fit entendre :

– Bienvenue, mon fils… Bienvenue.

Hadj Bazooka vint à ma rencontre, les bras ouverts. Il m'étreignit contre lui, me tapotant longuement le dos. « Ah ! Que je suis heureux de t'accueillir mon fils », murmura-t-il. Je lui répondis que c'était un honneur d'être reçu par un si grand moudjahid. Et j'étais sincère. Il rit, montrant ses dents trop blanches et trop bien alignées pour être naturelles.

– Ici, il n'y a ni grand moudjahid ni rien, il y a ton oncle Hadj Bazooka, c'est tout.

Il s'assit sur le canapé du milieu et m'invita à en faire autant.

Un serviteur en gandoura nous servit du thé. Hadj Bazooka était lui-même vêtu d'une ample gandoura blanche très simple. Je me sentais ridicule avec mon pantalon en toile et ma chemise à carreaux. J'avais l'air d'un Occidental perdu au milieu d'une tribu arabe.

Après au moins cinq minutes de salamalecs, Hadj Bazooka me demanda de but en blanc si j'avais trouvé ce que je cherchais dans ma promenade de cet après-midi. Confus, la gorgée de thé me brûla le palais. Elle passa de travers. Voyant ma mine stupéfaite, il me précisa que l'Algérie était un petit village.

– Où que vous soyez, on vous verra toujours. Surtout si vous êtes en compagnie d'une très jolie fille.

Je ne pus cacher ma stupéfaction.

– Comment saviez-vous que j'étais à la recherche de quelque chose ?

Il me regarda dans les yeux, sa petite moustache coupée à l'italienne, s'allongea comme un accordéon sous le sourire qui se dessinait :

–Comme tu n'es pas le genre à t'afficher avec une femme autre que la tienne, je me suis dit que tu devais avoir une sérieuse raison pour sortir avec cette jolie fille.

Son raisonnement était infaillible. J'étais donc suivi sans m'en rendre compte. Et pourquoi avais-je été suivi ? Que savait-il d'autre sur moi ? Je n'allais quand même pas lui dire que j'étais à la recherche de ma prétendue mère, une hypothétique maîtresse de Camus. Je mentis donc à moitié.

– Je suis en train de travailler sur Camus. La femme qui m'accompagnait est une collègue dont le grand-père, qu'on est partis voir à Tipasa, était l'ami de Camus.

Hadj Bazooka hocha la tête.

– Je connais bien Rabia. C'était un vrai moudjahid. Sa femme Sarah aussi, que Dieu ait son âme.

Il connaît donc Rabia. Il me fallait continuer à jouer la comédie du chercheur pour ne pas être en porte-à-faux avec ce que je venais juste de dire à mon interlocuteur. Je lui demandai alors s'il avait connu Camus. Il me répondit :

– Oui, je l'ai rencontré, justement sur l'instigation de Rabia. J'ai vu ce fameux écrivain au début de la guerre de Libération.

Après une heure de discussion avec lui, j'ai compris que j'avais affaire à une espèce de père blanc, un pacifiste, un humaniste, un idéaliste. Pour lui, le FLN était un mouvement terroriste qui semait la terreur. Il ne pouvait pas comprendre que notre combat contre la France était inégal. C'était la lutte du pot de terre contre le pot de fer. Je l'ai laissé développer ses arguments pour la préservation des civils, car il mettait dos-à-dos l'armée d'occupation et l'ALN. J'ai sorti de la poche de ma veste une arme à feu que je lui ai tendue. Il l'a prise en hésitant, la mine étonnée. Il ne comprenait pas mon geste. J'ai brandi sous ses yeux mon couteau boussaâdi. Et je lui ai dit : « Si on se battait maintenant. Vous avec un pistolet et moi un couteau, qui gagnera ? Avant même que je n'arrive à vous, j'aurai reçu dans mon corps toutes les balles de votre chargeur, oui ou non ? » Il n'a rien répondu. Je pense qu'il avait compris où je voulais en venir. Je lui ai dit que ma seule chance contre lui, c'est de fuir, de me cacher et d'essayer de l'avoir par surprise. Après avoir longuement réfléchi, il m'a répondu qu'il ne fallait pas que je fasse de victimes civiles en l'attaquant… J'avais compris sa position. En vérité, il voulait que je me batte à visage découvert avec mon couteau contre son pistolet. Mais lui n'aurait pas tiré, je le savais. Il m'aurait tenu à distance. Ni victime ni bourreau, voilà quelle Algérie voulait Camus. Je le sentais déchiré, meurtri. Il avait peur de perdre l'Algérie, cette terre qu'il considérait comme sienne.

Hadj Bazooka parlait avec un détachement étonnant. Aucune passion. Tous les moudjahidine sont d'ailleurs comme lui. En vrais professionnels du combat, sitôt le boulot fini, l'indépendance acquise, ils ont tourné la page. Ni haine ni ressentiment. Ceux qui ergotent, fustigent, jettent l'anathème sur les uns et les autres sont soit des ralliés de la dernière heure, soit ils ont des choses à se faire pardonner. Je retrouve le même détachement chez mon père, même si je n'ai jamais entendu dire qu'il fut moudjahid. Il faut que j'aborde ce sujet avec Hadj Bazooka bien que je craigne ses réponses.

Après quelques instants de silence, mon hôte poursuivit sur Camus :

– Je pense que le seul point commun qu'il avait avec nous, c'est l'amour viscéral qu'il éprouvait pour sa mère. Ce qu'il disait sur Camus me semblait profond, dénotant une bonne connaissance de la position de l'écrivain. Pourtant, quand il est venu me présenter ses condoléances, je l'ai pris pour un être fruste, à l'image de mon père. Je me suis alors rappelé les propos de Rabia sur Camus, plus engagé, selon lui, que la plupart des écrivains algériens. Cette remarque m'était restée au travers de la gorge. Elle venait à contre-courant de tout ce que j'avais appris jusque-là. Je voyais ces écrivains comme des combattants de la plume, des soldats de l'indépendance, voilà qu'un ancien combattant les dépeignait comme des tièdes. Mais ce témoignage me semblait sujet à caution dès lors qu'il était l'œuvre d'un ami de Camus. Il me fallait le point de vue de Hadj Bazooka dont le détachement était de bonne augure pour la recherche, sinon de l'objectivité, du moins de l'exactitude. Mais comment lui présenter la chose ? Je m'engouffrai, une nouvelle fois, dans le sillage de Camus, puisque j'étais censé faire des recherches sur lui.

– M. Rabia m'a confié que Camus a été plus actif durant les années de l'occupation que certains écrivains algériens. Franchement, j'ai du mal à le croire. Moins que lui, ça veut dire rien…

Hadj Bazooka caressa sa fine moustache. Il réfléchissait. Il ramassa ses lèvres dans une moue comme si les mots qu'il allait prononcer le seraient à contrecœur :

– Tu sais, Nabil, je n'aime pas parler de cette période, car si on soulève le couvercle, ça ne va pas sentir bon, crois-moi. Mais puisque tu es un proche et que tu fais des recherches, je vais te dire ce que je n'ai jamais dit. L'un des écrivains algériens les plus engagés, il a même été militant du FLN de France, c'est le poète Jean Sénac…

Il se tut, me laissant sur ma faim. J'attendis la suite. Ne voyant rien poindre au bout de quelques minutes, je revins à la charge.

– Et les autres ?

– Paix à leur âme. Ils maniaient bien la plume… et ils aimaient bien Camus.

Cette réponse, à quel degré dois-je la prendre ? Dans le doute, je me suis abstenu de toute interprétation politique. Je l'ai prise au pied de la lettre : ils étaient amis avec Camus. Je ne pouvais pas rester sur cette réponse ambiguë. Poussé à la fois par le besoin d'être fixé sur la question ainsi que pour damer le pion à tous ces intellectuels qui parlent sans connaître ni Camus ni Hadj Bazooka, je décidai de mettre les pieds dans le plat.

– Si je comprends bien, ces écrivains algériens n'étaient pas des nationalistes ?

L'ancien combattant pouffa de rire, montrant des canines pointues de vampire qui cachent une menace sous le rire. Le prothésiste qui avait conçu son appareil dentaire était un artiste. Il avait sans doute résumé dans son travail ce que lui avait inspiré la personnalité de Hadj Bazooka.

Après quelques instants, Hadj Bazooka se reprit avec un sourire amusé :

– Vous, les intellectuels, vous avez le chic de tout cataloguer, la vérité est autrement plus nuancée. Le même homme peut être contre l'indépendance le matin, quelques minutes plus tard il montera au djebel. Entre les deux, il aura été victime soit d'injustice, soit éconduit brutalement par sa petite copine européenne ou d'un autre fait qui l'aura changé. Tout être de chair et de sang est capricieux.

Je l'écoutai épiloguer en étant sûr qu'il allait noyer le poisson dans l'eau, jusqu'au moment où je l'entendis dire :

– Ces écrivains algériens ont été des nationalistes dans le

sens où ils étaient, à ma connaissance, pour l'indépendance du pays, et ils l'ont dit à Camus. La frontière est là entre eux et Camus, même si celui-ci a dénoncé par écrit le triste sort de notre peuple, il ne voulait pas entendre parler d'indépendance. Il y a une autre différence, Camus aimait l'Algérie et ses montagnes, l'Algérie et son soleil, l'Algérie et ses plages, ignorant le peuple auquel appartenaient les autres écrivains qui, eux, confondaient dans le même amour la terre et ses indigènes. Eux aimaient la terre et son peuple, eux étaient des indigènes, des Algériens comme toi et moi. Même s'ils étaient de culture francophone, ils n'ont jamais trahi leurs frères. Mon fils, vous les intellectuels, vous demandez trop à Camus. Comme s'il était un ange ou un saint, alors qu'il n'est qu'un être humain avec ses doutes et ses faiblesses. Moi-même, je ne sais pas ce que j'aurais fait si j'étais à la place de Camus. Personne n'est à la place de personne.

Désirant sans doute tourner la page de Camus, il enchaîna pour mon plus grand bonheur sur mon père, m'évitant ainsi de me creuser la tête pour trouver un angle d'attaque à un sujet si personnel qui me paralysait.

– Ton père Hadj Saci était mon meilleur ami, c'était un frère. On s'est connus enfants et on ne s'est plus quittés... Je souhaitais te voir parce que tu es le fils d'un être très cher. Avant de mourir, il m'a demandé de prendre soin de toi...

Il s'arrêta pour répondre à son téléphone. Je croyais rêver.

Quoi ? Mon père lui avait demandé de prendre soin de moi. Il a dû mal comprendre ses dernières volontés. À plus de quatre-vingts ans, c'est normal. Je l'entendais parler sur un ton familier : « Oui, cher président ! Je viendrai te voir volontiers après-demain chez toi. C'est toi qui passes ici ? À la bonne heure, mon brave ! Mes salutations à ton épouse hadja Fatima. » Il raccrocha et me confia le plus simplement du monde, sans pose, ni suffisance :

– C'est notre président. Il faudrait que je te le présente.

Je bredouillai des remerciements, m'attendant à ce qu'il enchaîne sur le président, oubliant, comme Rabia dont il a l'âge d'ailleurs, le fil de ses idées. Ma crainte s'estompa vite.

– Ton père t'aimait beaucoup. Tu es son seul successeur, il a toujours eu peur pour toi, mais comme il ne voulait pas montrer qu'il veillait sur toi, afin que tu t'endurcisses, tu n'as vu, je pense, que le visage qu'il a eu lui-même de son père.

Dire que j'étais étonné par ce que j'entendais est un euphémisme. J'avais du mal à reconnaître mon père si lointain, si hautain, sans cœur, dans le portrait qu'il me dressait de lui. Non, c'était proprement incroyable, impensable. J'étais convaincu que par amitié il vantait les mérites de mon père. Il n'allait quand même pas le noircir à son fils, lui son ami. En prenant mille précautions pour ne pas lui donner l'impression que je ne croyais pas un mot de ce qu'il disait, je m'esclaffai, en bon comédien que j'étais devenu :

– Quelle extraordinaire surprise !

Il rit, heureux de l'effet que ses paroles ont eu sur moi.

– Si ton père t'avait dit tout ça, il n'aurait pas été ton père. Il ne savait pas exprimer ses sentiments. Par pudeur, par éducation, par tradition. Dans notre milieu, seules les femmes sont douces et s'épanchent. Les hommes, pour qu'ils soient considérés comme tels, se doivent de ne rien laisser paraître de leurs sentiments. S'il n'a pas été fusillé durant la guerre, c'est parce qu'il a été élevé à la dure. Il a su se taire et dissimuler.

« Fusillé ! » Mon père aurait pu être fusillé ! À ces mots, j'ai manqué d'air. Je ne pouvais plus respirer. Ainsi donc ce qu'avait dit mon oncle était vrai : mon père avait été un collabo et c'est Hadj Bazooka qui l'avait sauvé. Pour anticiper la révélation de Hadj Bazooka et son effet de surprise, je lui dis que mon oncle m'avait déjà informé qu'au lieu de monter au maquis mon père faisait des affaires.

Mon interlocuteur sauta de son siège.

– Ah, le traître ! Il t'a dit ça ! Je m'étais promis de ne plus jamais parler de cette période, mais comme il calomnie ton père, je vais rétablir la vérité.

Je regardais Hadj Bazooka. Exit l'homme calme et placide, le combattant était de retour. Il passa sa langue sur ses lèvres subitement desséchées par la colère et prononça la chahada sans doute pour se calmer. S'il a encore de vraies colères pour défendre la mémoire de ses amis, c'est que le pouvoir ne l'a pas tout à fait corrompu, me dis-je. Front encore plus ridé qu'il n'était, yeux encore plus noirs, le débit saccadé – j'avais devant moi la version brute de l'homme qui jouait au patriarche –, il me souffla :

– Je vais te dire, fiston : si je suis encore vivant, c'est grâce à ton père. Il voulait monter au maquis. Mais je l'en ai dissuadé. Avec son handicap et avec la mission importante qu'il accomplissait, il était plus utile en ville qu'avec nous. Tu veux que je te dise : à chaque fois que mes hommes manquaient de vivres, c'est lui qui les achetait et me les acheminait dans son camion… Il lui arrivait aussi de nous fournir des armes qu'il payait au prix fort à des contrebandiers.

Il s'arrêta pour reprendre son souffle, l'index braqué sur les armes accrochées au mur, il tonna :

– Tu vois ces armes, ce sont quelques-unes de celles qu'il avait envoyées ! Comme il était connu et respecté, à chaque fois qu'il acheminait des armes et des vivres pour nous, il se mettait à côté de son chauffeur pour endormir les soupçons. Je vais te dire ce qu'a fait ton père. Une fois, à la suite d'un attentat, une patrouille de soldats l'avait arrêté. Le chef de la patrouille avait pris la décision de fouiller le camion…

L'ancien baroudeur s'arrêta net de parler comme pour faire durer le suspense. À la grimace qu'il fit, j'ai su qu'il souffrait. Sans doute une ancienne blessure, une balle encore enfouie dans son corps, qui sait ? Son visage se détendit. La douleur s'était estompée. Cette fois-ci, le débit était plus long, le patriarche est revenu.

– Donc… Hadj Saci lui dit que c'était une excellente idée, tout en lui demandant des nouvelles du colonel Dupont. Le caporal lui répondit qu'il ne connaissait pas ce colonel, et Hadj Saci de s'écrier : « Mais c'est lui le responsable des mutations ! »

Et il ajouta complice : « Donne-moi ton nom mon brave et ton matricule et tu seras transféré en France dès la fin du mois. » Le caporal se confondit en remerciements, et le tour fut joué. Quand ils démarrèrent, Hadj Saci tapota la cuisse de son chauffeur pour le réconforter. Il eut la main mouillée. Le conducteur avait uriné sur lui, de peur…

J'étais bouche bée. Je craignais de l'entendre me parler d'un homme qui préférait les affaires à la lutte, je découvrais un père intrépide, militant actif et plus encore d'un sang-froid incroyable. Sa maîtrise de soi était inégalable. Ce qu'il avait d'admirable, c'était son don de l'observation. Dès le premier coup d'œil, il avait saisi que le caporal était un appelé du contingent et qu'il devait sans doute mourir d'envie de retourner chez lui en France. Il lui a servi ce qu'il voulait entendre ! La moindre erreur d'appréciation, et il aurait été fusillé…

Ce qu'il me disait sur mon père m'émut au suprême degré.

Ainsi donc, mon père avait toutes ces qualités invisibles à mes yeux. C'était donc un excellent comédien qui avait poussé l'art de la dissimulation et de la maîtrise de soi jusque dans sa propre famille. Je l'admirais pour avoir utilisé ses qualités durant la guerre et je lui en voulais de ne les avoir pas révélées avec nous.

La voix de Hadj Bazooka me sortit de mes pensées :

– En revanche, on ne peut pas être fier de ton oncle. En rendant visite un jour à ton père dans son magasin de dattes de la rue de Lyon, j'ai vu ton oncle s'éclipser. Il devait avoir la vingtaine à l'époque. Son haleine sentait l'anisette. Comme il était habillé non pas comme un commerçant, mais comme un zazou, un dragueur, j'ai compris que cet homme était différent de nous. Qu'il menait d'autres combats. J'ai dit à ton père qu'il fallait que je parte sur-le-champ, car la conduite de son frère était suspecte. Il me répondit que lui-même avait des soupçons à cause notamment de l'amour fou que son frère éprouvait pour une Espagnole. En me faufilant dans la foule, je le surpris en train de parler à un officier de police en civil que je connaissais très bien. Juste après mon départ, ce même officier devait rendre visite à ton père pour me surprendre.

En l'écoutant, j'eus froid dans le dos. Mon oncle était donc un indicateur ! Comment se fait-il que mon père n'ait jamais été, lui aussi, dénoncé ? Et après l'indépendance, comment se fait-il que mon oncle n'ait jamais été inquiété ? Voilà que Hadj Bazooka enchaîne sur les réponses aux questions que je me posais.

– J'avais décidé l'exécution de ton oncle. Mais ton père m'en avait dissuadé. Il m'avait dit qu'il ne survivrait pas à cette honte. J'ai alors changé de tactique. J'ai envoyé deux hommes armés à ton oncle. Ils lui ont bien fait comprendre que si on touchait à un seul cheveu de Hadj Saci, c'était lui qui paierait l'addition. Dans la foulée, ils lui avaient aussi interdit l'alcool et la fréquentation des Européennes.

Ainsi donc, mon oncle était un traître. Je tenais ma vengeance. L'histoire de Hadj Bazooka était tombée à point nommé. Rien qu'à imaginer la tête d'oncle Messaoud, je frémis de joie. Je n'en revenais pas de cette série de coïncidences. Comme si d'outre-tombe, mon paternel avait envoyé son ami pour confondre le calomniateur. J'avais envie de hurler mon bonheur. Enfin, je me réconciliais avec mon père. Même s'il n'était pas un héros comme Hadj Bazooka, il avait eu la conduite d'un patriote. Si cette soudaine révélation m'a rendu fier de mon inconnu de père, elle était diminuée par une profonde blessure que personne ne pouvait guérir : sa conduite avec ma mère. Ni son sang-froid ni sa bravoure ne pouvaient effacer sa cruauté avec maman. Même si la religion musulmane nous interdit de juger nos parents, je ne pouvais l'absoudre du mal enduré par mon innocente mère. Ghani m'avait dit un jour, juste après la mort de ma mère : « Tu ne peux pas savoir ce qui se passe réellement entre ton père et ta mère, quels lourds secrets ont créé de l'inimitié entre eux ? Donc, reste prudent dans tes jugements. » Comment rester prudent devant les souffrances endurées par ma mère ? Rien ne les justifie. Avec elle, je revendique le droit à la subjectivité. Même si elle avait été fautive, je ne l'aurais pas désavouée. On ne désavoue pas une mère. Jamais. Elle passe avant tout.

Alors que je m'apprêtais à partir, ayant abusé plus que de raison de son hospitalité, Hadj Bazooka me demanda si tout allait bien pour moi au lycée. Surpris par la question, je lui répondis d'un hochement de tête. Il ajouta, sans transition, que le proviseur qui voulait me sanctionner il y a quelques années s'était marié avec la fille qui avait établi un rapport sur moi. « Il est clair qu'ils étaient de connivence », affirma-t-il. Le ciel me serait tombé sur la tête que je n'aurais pas été plus stupéfait. J'ai pu juste murmurer :

– Mais comment le savez-vous ?

Il me sourit, me prit par le bras affectueusement et me dit :

– Parce que c'est moi qui avais sanctionné ceux qui cherchaient à te licencier ! Tu as vraiment cru en la justice de notre administration pour recouvrer tes droits ? Ah, mon fils, c'est mal connaître les bureaucrates ! On les aurait laissés, ils t'auraient écrabouillé comme une mouche.

C'était donc lui le justicier ! J'étais un peu déçu. Mon idéal d'équité en prenait un coup, car mon exemple avait fait croire à tous les professeurs et à toutes les personnes éprises de justice que, dans notre pays, la justice n'est pas celle des puissants comme on voudrait bien nous le faire croire. J'étais moins puissant que le proviseur et pourtant j'avais eu gain de cause. J'avais été entendu, voilà ce que tout le monde pensait. Je ne savais pas que derrière moi, il y avait l'incarnation de la puissance en Algérie. Sans le savoir, j'avais de la dynamite entre les mains. J'appartenais moi aussi, sans m'en rendre compte, à la caste des protégés qui vivent dans l'ombre chaude des puissants. Hadj Bazooka m'accompagna jusqu'à la porte. Il me confia à voix basse qu'il pensait à moi pour un poste ministériel. Comme j'eus instinctivement un mouvement de recul, il esquissa un sourire bienveillant, me tapota familièrement le dos et tenta de me rassurer d'un air bonhomme.

– Je comprends tes appréhensions d'honnête homme. Et c'est tout à ton honneur. Dis-toi seulement que ceux qui occupent ces postes ne sont pas mieux que toi. Ils savent foncer tête baissée, et ils connaissent la musique. Et toi, tu auras le chef d'orchestre à tes côtés, qu'as-tu alors à craindre ?

Lui était le chef d'orchestre, je l'ai bien compris, qui me poussera aussi loin que je le voudrai. Je savais qu'il n'était pas homme à plaisanter en faisant ce genre de proposition. Il voulait vraiment que je devienne ministre ! Le cœur noué et la peur au ventre, écrasé par sa proposition, je m'étonnais de la facilité avec laquelle je pouvais devenir ministre, plus facile même que d'être enseignant, fonction qui nécessite tout de même une qualification.

Il était hors de question pour moi d'accepter. J'ai toujours méprisé les fonctionnaires de la politique, que j'assimile à des clowns qui font pleurer le peuple. Parfois, Warda et moi-même nous regardons le journal télévisé rien que pour ne pas rater le spectacle de leurs bedaines larges comme la croupe d'une vache, de leurs moustaches broussailleuses et tombantes ainsi que de leurs costumes de mauvaise coupe. Et quand ils s'expriment, c'est d'une langue de bois si châtiée qu'elle pourrait servir de modèle à toute personne qui voudrait apprendre à parler sans rien dire. On se dit à chaque fois : « Qu'avons-nous fait pour mériter pareils politicards ? » Et voilà que Hadj Bazooka voudrait que je rejoigne cette cohorte. Je vois d'ici la tête de mon épouse et celle de mes enfants. Ils sont capables de me chasser de la maison.

Je remerciai Hadj Bazooka pour sa bonté en lui précisant que ma famille n'accepterait jamais que j'occupe un tel poste. Je me cachais derrière ma famille, car j'étais sûr que, hors cet argument, il réfuterait tout le reste. Il annonça déjà la couleur en me disant que ceux qui occupent ces postes ne sont pas plus compétents que moi. Comme ce genre d'homme a le sens de la famille, il plia et me suggéra tous les postes auxquels rêveraient des millions d'Algériens : secrétaire général de ministère, wali et même ambassadeur. À chaque fois, je répondis par la négative sous son regard étonné. C'est donc si facile d'avoir un très haut poste dans cette Algérie ! Connaître la bonne personne, voilà tout. Ni compétence requise ni d'autres critères rationnels. Sans doute lassé par mes refus successifs, il me dit :

– J'aime ta modestie et ton sens des responsabilités, mais il ne faut pas dépasser les limites. Allez, à partir de la rentrée prochaine, tu seras nommé à ta guise, soit inspecteur général de l'éducation, soit recteur d'université, ou même les deux si tu veux… Tu dois accepter mon offre, tu n'as pas le choix, mon fils.

On ne dit pas toujours non à tonton Hadj Bazooka. Mon refus avait atteint ses limites. Au-delà, je serai considéré comme un impertinent. Ne pouvant me dérober, je coupai la poire en deux en lui disant que j'accepterais volontiers un poste de proviseur. Il me regarda longuement, puis laissa tomber, déçu :

– Va pour ce poste que tu auras dès la rentrée. Ton père m'avait dit que tu étais un bon fils, un bon mari et un bon père de famille. Je vois que tu es aussi un homme qui sait dire non quand il pense qu'il ne peut pas. Et le non n'est jamais bon en Algérie. Il faut savoir être souple, savoir faire des compromis, tu comprends, mon fils ? On ne peut pas tout le temps dire non, à moins de vivre en marge de la société.

Je hochai la tête en pensant à Hichem Boubi et à son énoncé des deux règles d'or que tout postulant à une promotion rapide doit apprendre par cœur : « Je dis oui à tout ce qui vient d'en haut sans poser de questions, je dis non à tout ce qui vient d'en bas sans écouter les doléances. » Je trouve que, pour une fois, Hicham Boubi a été pertinent. Je me sentais plus fort depuis que j'ai pris la mesure de l'importance de mon hôte. Plus mûr aussi. J'avais l'impression d'être capable de soulever des montagnes. Tout me paraissait possible, tout me paraissait aussi permis. Je n'avais qu'à ordonner, et l'Algérie serait à mes pieds. Je voyais mon pays non plus comme un espace géographique et humain, mais comme une sorte de terrain de loisirs où je pouvais m'adonner à n'importe quel jeu. Je choisirais le jeu, l'arbitre, les joueurs et même le score ! C'est sans doute cela le sentiment de puissance. Je me sentais des muscles d'airain, des ailes me pousser, je crois même que j'ai gagné quelques centimètres en hauteur.

Avant de prendre congé de lui, j'osai une question pour en avoir le cœur net :

– Ai-je été suivi à Tipasa ?

Il s'esclaffa :

– Mais suivi par qui, mon fils ? On n'est pas dans un film policier ou dans une dictature. J'étais à Tipasa pour rendre visite à un vieil ami malade lorsque je t'ai aperçu en compagnie de cette fille franchissant l'entrée des ruines… Voilà tout.

Hadj Bazooka me serra longuement contre lui. Je sentais son vieux cœur de combattant battre dans sa large poitrine. Il se détacha de moi et, me regardant bien dans les yeux, me confia, la voix émue :

– Tu sais pourquoi j'ai une tendresse particulière pour toi ? Parce que c'est ma défunte sœur Yamina qui a accouché ta mère. C'est elle, aussi, qui t'a allaité pendant quelques mois quand ta mère n'avait plus de lait. Tu es en quelque sorte mon neveu, le fils de ma regrettée sœur…

Ému à mon tour, je ne pus qu'articuler devant cette révélation qui mettait définitivement en pièces les allégations de mon oncle :

– Comment est-elle morte ?

Il lâcha un long soupir et dit d'une voix à peine audible :

– Dans l'explosion d'une bombe avec son mari et leurs deux enfants…

Avant de nous quitter, Hadj Bazooka me dit :

– S'il te plaît, Nabil, dorénavant, considère-moi comme ton père. Ma maison t'est ouverte à toute heure du jour ou de la nuit. Celui qui te touchera me touchera, celui qui te fera du bien me fera du bien. À chaque début du mois, j'attendrai ta visite. N'oublie surtout pas !

Il m'avait parlé sur un ton autoritaire, n'acceptant aucune réplique. À ses yeux, je devais avoir à peine vingt ans, un enfant ayant besoin de protection. Comme tout le peuple algérien, infantilisé malgré lui par les anciens dépositaires de la sagesse et de la maturité conférées par les armes.

Je rejoignis ma voiture sur un nuage, plus heureux que je n'étais venu. Je suis rentré professeur, je ressors proviseur comme j'aurais pu sortir ministre, ambassadeur ou même cardinal. Pour les besoins de la cause, on m'aurait intronisé. Je croyais rêver. Je me retrouve propulsé dans un autre monde. Hier, j'étais perdu, aujourd'hui je me suis retrouvé plus puissant que les puissants. J'ai même retrouvé mon père. Enfin, une belle part qu'il nous avait toujours cachée. Ce père m'a donc aimé.

En conduisant, je pensais à ma rencontre avec cet énigmatique Hadj Bazooka. Il a été mon ange-gardien tout comme il l'a été pour mon père. C'est sans doute grâce à lui que mon père a pu garder, sans dégâts, sa somptueuse villa de Hydra acquise à l'indépendance, lui aussi qui a joué de son influence pour que son ami Hadj Saci, grand propriétaire terrien, ne soit pas dépossédé de ses terres lors de la Révolution agraire. Mon père avait très tôt compris qu'avec Hadj Bazooka tout était possible en Algérie. Et que sa protection valait tous les diplômes. C'est pour cela qu'il voulait que je prenne son relais dans les affaires plutôt que je me « fourvoie », c'est son expression, dans l'enseignement. Comme il a ressorti cette antienne quelque temps avant sa mort, et c'était l'une de nos rares discussions, j'avais finalement osé lui dire que si j'avais choisi l'enseignement, c'était par amour pour mon pays et que la meilleure manière de le servir était de former et d'instruire sa jeunesse. Pour qu'il comprenne une fois pour toutes que je ne suis ni un lâcheur ni un fils indigne. Il a plissé son front et m'a rétorqué : « Comment aimes-tu ton pays, dis ? » J'ai répondu avec fougue que j'aime ses pierres, son désert, ses forêts et ses montagnes, j'aime sa mer, j'aime cette terre de mes ancêtres traversée par plusieurs conquérants mais jamais conquise. Je l'aime à en mourir. « Dans ton amour, je ne vois que des pierres et de l'eau… Tu n'aimes pas ses hommes ? » m'a-t-il rétorqué. Surpris par son ton direct, j'ai balbutié : « Si, j'aime beaucoup notre peuple, même s'il est en train de perdre ce qui faisait sa force et son authenticité. » Il resta pensif un long moment puis me dit : « Je pense que tu as bien fait de choisir l'enseignement. Les affaires ne sont pas aussi abstraites que ton amour pour le pays qui n'existe qu'à travers ses hommes comme une maison ne vaut que par ses habitants. » Zineb qui venait d'arriver mit son grain de sel : « Tant qu'il y aura des hommes comme ton père, ce pays n'aura peur de rien. » Après cette précision, il n'y avait plus rien à ajouter.

Alger la nuit, Alger la mystérieuse qui jette ses sortilèges sur chaque passant. Elle est comme certaines femmes, troublante, ensorcelante. Je comprends pourquoi Camus l'a tant aimée. Et pourquoi nous avons tant aimé Camus : il a su si bien parler d'elle. C'est pour cela que je lui pardonne de nous avoir oubliés, d'avoir oublié de parler de nous. Chacun parle de ce qu'il aime. Camus est mort. Alger demeure. Mon père est mort. Je demeure. Plus vivant que je n'étais. Grâce à mon oncle qui m'a permis d'entrer dans le monde de Camus pour me retrouver dans celui de mon père. Les chemins de traverse sont parfois les meilleurs. Je pensais à la sourate La Caverne et au mystérieux El Khidr qui a montré à Moïse que derrière un mal en apparence il y a souvent un bien caché. J'ai toujours aimé cette parabole, le hasard me l'a fait toucher du doigt.

Je me gare au bas de l'immeuble. Avant de monter chez moi, mes yeux s'attardent sur la branche d'absinthe posée sur le siège avant. Tout ce qui me reste de Sarah. Faut-il la prendre avec moi ou la jeter tout de suite dans le tas de fourrés au pied de l'immeuble ? Rien qu'à cette idée, j'ai le cœur qui bat plus fort. Je pense à Camus et à Sarah, un couple désormais indissociables dans mon esprit. Je pourrais même écrire une nouvelle où je raconterais tout ce que j'ai vécu avec Sarah et que j'intitulerai : *« Camus dans le narguilé. »* Ce titre mystérieux ne sera compris que par elle. Elle qui a été, l'espace de quelques heures, mon narguilé et mon opium. Mais cette nouvelle, je le sais bien, ne sera jamais publiée. Les belles histoires restent toujours secrètes. Je pense aussi à Warda, rose par son prénom, qui n'aime que les roses. Sûr que l'absinthe avec son odeur va l'indisposer. Elle n'y verrait aucune symbolique. Camus, Tipasa ? Je la vois déjà me marteler avec son bon sens de femme pratique : « Pftt, ne jouons pas aux enfants en mal de loisirs. Et puis, tu ne le sais sans doute pas, l'absinthe n'est pas une plante décorative. » Comme toujours, elle aura raison. Allons, il n'y a pas lieu d'hésiter. La place de l'absinthe est à Tipasa, au pays de Camus, au pays de la jeunesse éternelle. Je jette la branche. Mais il me reste son parfum, tenace, amer et fort.

Achevé d'imprimer en octobre 2011 par l'imprimerie Corlet
14110 Condé-sur-Noireau - N° d'imprimeur : 141393
Dépôt légal : novembre 2011